なつかしの
映画看板の街
松竹
丹下左膳
夕陽のガンマン
大口真神
青梅市
奥多摩町
御岳山
日の出大仏
奥多摩湖
日の出町
あきる野市
三頭山
ヤマメの塩焼き
払沢の滝
東京サマーランド
西東京バス
檜原村
泉麻人
埼玉県
千葉県
東京23区外
(多摩地区)
30市町村
東京23区
山梨県
神奈川県
東京湾

所沢
JR 武蔵野線
新秋津
秋津
東村山
西武西武園線
久米川
八坂
埼玉県
清瀬
武蔵大和
東久留米
萩山
小平
小川
西武池袋線
ひばりヶ丘
保谷
新小平
西武多摩湖線
花小金井
東京都23区
東大和市
青梅街道
鷹の台
西武新宿線
恋ヶ窪
西武国分寺線
一橋学園
田無
東小金井
西武柳沢
東伏見
国立
JR 中央線
西国分寺
国分寺
武蔵境
三鷹
吉祥寺
中野
西国立
武蔵小金井
西武多摩川線
新小金井
矢川
谷保
井の頭公園
京王井の頭線
多磨
JR武蔵野線
三鷹台
分倍河原
東府中
多磨霊園
白糸台
聖蹟桜ヶ丘
中河原
府中本町
府中
調布
明大前
京王競馬場線
武蔵野台
飛田給
西調布
布田
国領
柴崎
つつじヶ丘
仙川
京王線
府中競馬正門前
競艇場前
是政
京王相模原線
南多摩
京王多摩川
東京都23区
稲城長沼
松が谷
矢野口
堀之内
京王
若葉台
稲城
多摩センター
永山
稲田堤
京王よみうりランド
京王稲田堤
小田急小田原線
唐木田
はるひ野
小田急多摩線
JR南武線
黒川
玉川学園前
栗平
五月台
和泉多摩川
狛江
新百合ヶ丘
登戸
成瀬
鶴川
柿生
溝ノ口
東急田園都市線
長津田
武蔵溝ノ口
神奈川県
東海道新幹線
新横浜

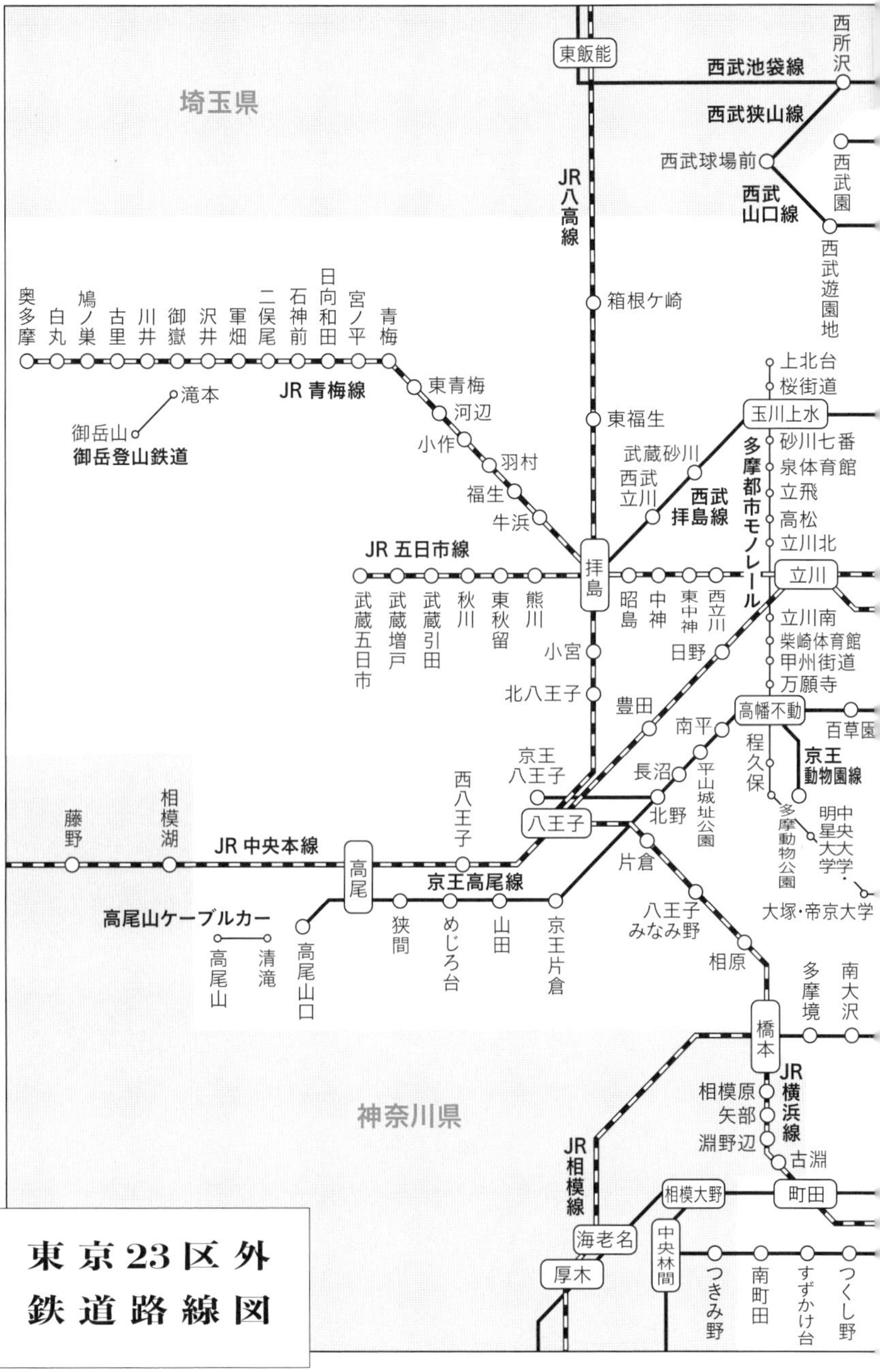

東京23区外鉄道路線図

西東京市

田無タワーと坂平さんのウナギ

◆面積／15.75㎢
◆人口／202,435人
◆主要な鉄道駅／
田無駅（西武新宿線）、保谷駅（西武池袋線）

東京23区の案内本はもう何冊か書いているけれど、ここらで一度、外の方に目を向けてみよう。いわゆる「多摩」を中心にした市町村部。こちらも30余りの数がある。さて、どの辺から歩きはじめようか……。

市町村部のトップのイメージが強いのは、やはり吉祥寺を擁する武蔵野市だろうが、このコマはもう少し後に取っておくとして、まずは「西東京」という大それた名を付けた市からスタートすることにしたい。尤もこの市が誕生したのは21世紀に入った２００１年のことであり、それ以前は保《ほう》谷《や》市と田無《たなし》市に分かれ、僕が小学校で社会科を習いはじめた頃は北多摩郡の保谷町と田無町の名称だった。つまり、北多摩郡の印象がある者にとって、北東京ならともかく、ここを西東京と呼ぶのはいまだどうもしっくりこない。

田無タワーの展望

それはともかく、都心に近いのは東部の旧保谷市の領域で、順路的にはこちらから始めたいところだが、市の西端にシンボリックな物件がある。芝久保町5丁目に位置するスカイタワー西東京。中央線の三鷹や小金井あたりからもよく見える黒い鉄骨組みの電波塔、展望階に上らせてもらう許可を得たので、この散歩エッセーの幕開けに多摩地域の景色を一望してみたい。

西武新宿線の田無駅の北口から「はなバス」というコミュニティバス（¥150）に乗ると、タワーの足元の多摩六都科学館の前まで行ける。この科学館、プラネタリウムを備えた理系好き少年少女向けの施設のようだが、タワー取材の前にちょっと立ち寄ってみたら、無重力感覚が体験できる装置（ムーンウォーカー）とか、人体の五感を試すゲームとか、オトナでもけっこう楽しめる。

さて、隣接するスカイタワー、一見すると科学館内の施設のようにも思えるが、間はフェンスに仕切られて、お互い関係はない。玄関口には「株式会社 田無タワー スカイタワー西東京」の表札ともう一つ「アマチュア無線と真空管オーディオ FBサウンド田無」と出ているが、このFBサウンドっていう無線グッズの店がタワーのハード面の仕事に関わっているらしい。

「平成元年に建ちましたこの塔は多目的電波塔と申しまして、タクシー無線とか携帯電話とか、一般の無線ユーザーの方のアンテナとかそういった無線装置の取り付け場所、と考えていただければ……」

と、係員の女性から説明を受ける。つまり、東京タワーやスカイツリーのような、展望スペースとしての使命はないわけだが、一応エレベーターが設置されて作業員が機器の点検や修理のために乗り降りできるフロアが備えられている。

ヘルメットを被って、若干胸を高ならせてエレベーターに乗りこむと、パネルに20階あたりから4、5階分だけ階数が表示されていた。

このタワー、最頂部の高さは195メートルというが、僕が降りた25階の高さは125メートル。しかし、扉が開いて出たすぐ先から、網目の床が広がっているだけだから、下に目を向けるとヒヤッとする。一方、一見ただの広報ギャルのような可愛らしい佇まいの彼女、高い所にはすっかり馴れている様子で、ずんずんと端っこの方へ歩いていく。

周囲を見渡したところ、とりわけ目につくのが白い半円型の西武ドーム球場。その背景に狭山丘陵、やや南方に多摩丘陵、本日は雲に隠れて見えないが、その奥に富士山と丹沢山系の山《やま》稜《なみ》が望めるようだ。反対側の都心部の方は、西新宿の高層ビル群、東京タワー、スカイツリーも微かに垣間見え、北方の練馬、石神井あたりにもぽつぽつとタワービルが確認できる。

しかし、近景の東久留米や小平のあたり、イメージしていた以上に畑や雑木林が乏しい。昭

田無（西東京）タワー。高さは195メートル（スカイツリーは634メートル）。

和30年代に次々と誕生したマンモス団地のまわりの農地も宅地に埋めつくされようとしていることを実感する。そして、街道ぞいにぽつぽつと見える「ニトリ」「イオン」「ゴルフ」「パチンコ」……ドライブイン式大型店舗の看板がいまどきの郊外らしさを表現している。南方に帯のように続く豊かな緑地は小金井公園から小金井カントリー倶楽部にかけての一帯だろう。

その手前、花小金井付近を走る西武新宿線の電車は確認できたが、小金井公園の奥、僕がこの塔を車窓越しによく見る中央線の電車までは見つけられなかった。

坂の上の平蔵

はなバスで田無駅の方へ戻ることにしよう。西東京市が運営するこのバス、コミュニティバスらしく、くねくねと狭い道を迂回していくコースが面白い。東京街道、新青梅街道を通って、駅近くの青梅街道に入ったところの上宿《かみじゅく》で降車。上宿なんていうくらいに、この辺は昔の青梅街道の宿場だったのだ。どうして宿場が生まれたのか、昭和30年代に出た東京案内書『東京風土図』に、なるほどと思わせる説明がある。

「田無宿は、青梅街道が開通して成木、小曽木の石灰を江戸に運搬するようになった時に、その伝馬つぎ立てのために発達した宿場であった。江戸と成木のほぼ中間にあったので、一泊しなければならない位置であった……」

そろそろお昼時、以前車で通りがかったときから気になっていた「坂平《さかへい》」というウナギ屋に入る（一つ先のバス停・田無警察署前の方が近い）。

素朴なウナギの絵看板が目を引くこの店、〝百年の伝統が生んだ味〟と横に記されているけれど、おかみさんに尋ねてみたところ、初代が店を興して以来もう150年近くになるという。「坂平」の屋号で専門的なウナギ屋になったのは昭和の初め、当時は多摩川までウナギを獲りに行っていたらしい。

「江戸時代に始まった頃は、旅館だったんですよ。その宿を始めた初代は所沢の人でね。平蔵って名前で坂の上に住んでいたんで、坂平と呼ばれてたんですよ」

それが店の名になったのだ。聞いてみなきゃわからない由来である。さて、注文したウナ重は「特」の方で2200円だから、まぁ良心的だ。さすがに多摩川産ではないけれど、昔の町の店の正しい蒲焼の味がした。

歴史に興味を示す僕を見て、気さくなおかみさん、店の裏方に案内してくれたが、壁には明治年代の調理、営業許可証が掲げられ、奥に続く部屋のつくりも旅館の面影を感じさせる。

外に出ると、すぐそばの横道にも旅館の前身を思わせる小料理屋があった。そういえば、僕が車の免許を取った70年代の頃、「網元」というビル建ての料理屋が新青梅街道との交差点のあたりにあって、「お祝い、商談に田無のアミモト、田無のアミモト……」と連呼するCMを新宿の映画館の幕間なんかによくやっていたものだったが、あの店はいつしか消えてしまった。

東大農場の東大牛乳

田無駅の北、500メートルくらいの所に東大の広大な緑地の入り口がある。俗称・東大農場——正確には「東京大学大学院農学生命科学研究科附属生態調和農学機構」と、相当まどろっこしい名前の施設のようだが、ここ、門が開いていて、途中までは一般開放されている。

北原交差点先の門から入っていくと、桜並木の周囲に広々とした畑地が続いている。歩いたのは夏の盛りということもあって、まず目にとまったのは濃い黄の花を咲かせたひまわり畑。一見して、200メートル四方くらいの規模があるんじゃないだろうか……後で知ったネット情報によると、ここで〝ひまわり迷路〟のアトラクションが催されることもあるらしい。ふだんから子供の遊び場として親しまれているのか、〈幼児多し　構内10km／h〉なんて、一見幼児を動物扱いしたようにもとれる標識が掲げられている。

緑地の先にぽつりぽつりと見える建物は、なかなか歴史を感じさせる。古い教会のシスター寮あたりを彷彿させる木造洋館は戦前の建築ではないだろうか？　調べてみると、この農場、

「幼児多し」の看板。

駒場の東大の敷地から昭和10年に移設されたというから、残されたクラシックな棟の多くは開場当初からのものだろう。トロッコの軌道が敷かれた三角屋根の倉庫があったが、これは昔の牛舎で、ピーク時には60頭くらいの乳牛が飼育され、「東大牛乳」という銘柄の牛乳も生産されていた(現存すれば、受験生に大人気だったに違いない)。この旧牛舎は現在「農場博物館」として、館内に古めかしい農機具が展示されている。

なんでも東京ドーム5個分の規模があるというこの農場、西東京というより、北大のキャンパス、あるいはヨーロッパの農学校にでも紛れこんだような気分になる。しかし、行きずりの一般人は奥の方まで行けないようなので、もと来た南方の門まで引き返して、施設東側の塀づたいに続く東大農場通りを北上することにしよう。

謎のフラワー通り

緩やかに湾曲するこの道は、行きあたった谷戸新道を横断した向こう側から「フラワー通り」と名を変えて、進んでいくと、狭い筋づたいに忽然と商店街が現われる。数年前、一方通行の保谷の方から車で走ってきて、たまたま見つけたこのフラワー通り商店街、近くに駅もないのに、ポコッと数百メートルほど店屋が並んでいる感じが不思議だった。そして、のり巻やいなり寿司を看板にした甘味食堂とかシマシマの看板を出した理髪店とか、店の佇まいが古めかしい。

フラワー通りの名の由来、横道に年季を感じさせる花屋を見つけたので、確認してみたが、「関係ないのよ」と受け流された。老店主の姿が見えた、よろず屋風の食料品店に入って、その店主にも質問してみたところ、フラワーというのは単なるイメージ的なネーミングらしい。

「もう50年くらい前の話なんだけど、ここの商店街は途中で田無町と保谷町に分割されてたんでね、統一した名前を付けようってことになって、あたりさわりのないフラワー通りってのに決まったんだよ……」

古地図を調べると、この通りはいわゆる鎌倉街道の1つで、上宿の字名が付いたこの界隈（前回の田無駅前の上宿とは別）は大正時代の地図から畑なかの町らしき集落として描かれている。街頭に掲げられた宣伝旗に〈見のがしてたね　西東京市〉とキャッチフレーズがあるけれど、まさに見逃していた渋い商店街。ちなみに、この商店街の一角に看板もない幻の極旨ギョウザ店がある、とネット情報で仕入れ

フラワー商店街。下町を思わせる素朴な商店筋が忽然と現われる。

て、それらしき店を発見したが、店は閉まっている様子だった。

横山道とは？

呉服屋を最後に商店の筋が途切れて、畑地の脇に「横山道」のバス停が立っていたが、このヨコヤマミチというのも古い通りの呼び名で、横山は八王子の横山町へ至る道、という意味らしい。近くに「保谷」の表札の家を見つけたが、地名の姓の家があるということは、古くから開けていた界隈という証しだろう。そして、沿道には宝晃院《ほうこういん》、東禅寺、尉殿神社、如意輪寺と寺社も目につく。

なかで、ちょっと由来が面白いのは尉殿神社。これ、そもそもナンと読むのか……というと「ジョウドノ」。境内の謂れ書きにこんなことが書かれていた。

「尉殿神社は江戸時代が終わるまで、本地垂迹《ほんじすいじゃく》思想＝神仏習合にもとづいて尉殿権現と称され、上保谷村草創のころ、なくてはならない生活用水を守護する、水の神ジョードノを祀ったことにはじまります」

ジョードノ、とカタカナ書きされたところから察して、字よりも先にこの音《おん》が定着していた神様なのかもしれない。

西東京名物　かりん糖

お地蔵さんが置かれた辻を右に枝分れしていく地蔵通りを進んでいくと、やがて最近開通した広い伏見通りに行きあたる。分断されたこの道をさらに突き進んでいくと、黄色い派手な菓子会社の看板が見えてくる。

〈西東京名物　かりん糖　旭製菓〉

狭い地蔵通りの片側に工場があり、表の保谷新道に面した一角にドライブイン式の売店がある。西東京名物の下に野菜や果物の名があってもあまり驚かないが、「かりん糖」ってのは、ちょっと意外で興味をそそる。

実は当初、かりん糖工場の見学をしたい……と取材申請を出して、一時許可をもらっていたのだが、「やっぱりやめることにした」と、社長じきじきに断わられてしまった。大手メーカーの広報を通して断わられるのとは違って、社長から気まぐれな感じでダメ出しされるのは、それはそれでおもしろい。

パンフレットによると、創業はなんと大正13年（1924）。ただし創業地は横浜で、戦後は荻窪、良い地下水を目当てに保谷の地にやってきたのは昭和40年（1965）のことらしい。そして最近は、埼玉県深谷の花園にも工場がある。商品リストのなかに「深谷ねぎみそかりんとう」なんてのがラインナップされているあたり、ローカル愛に敏感なメーカーなのだ。

売店の棚にも様々なタイプのかりん糖が試食できるスタイルで陳列されている。

こだわりの黒かりんとう、きび砂糖かりんとう、隠れきなこかりんとう、きんぴらごぼうかりんとう、むらさき芋かりんとう、牛乳かりんとう、クッキーかりんとう黒糖味、しそザラメかりんとう、ミルクみつかりんとう、わさび揚げかりんとう、七味唐辛子……。と、これでバリエーションの半分くらいかもしれない。ともかく、かりんとうとコラボできそうな食材、フレーバーを常に研究している、といった感じだ。

何か1つくらい、買っていこう。いくつか試食してみて、歯ざわり、黒糖の味にグッときたのが「はち蜜黒がまかりんとう」という太めのやつ。がまは、蒲穂の形状を表わしているのだろう、と思っていたら、「がまがえるのように大きな口でお楽しみください」と商品解説にある。

「加山雄三さんも『ゆうゆう散歩』で来られて、コレが気に入られたんですよ」

そうか……「ゆうゆう散歩」は終わってしまったけれど、加山さん、こんなシブい所までやってきたのか。しかし、「保谷の若大将」ってのは、どうもイメージに合わないよね……。

かりんとうメーカー「旭製菓」の店舗。鮮やかな黄色の看板が印象的。

狛江市

小さな東京03地帯

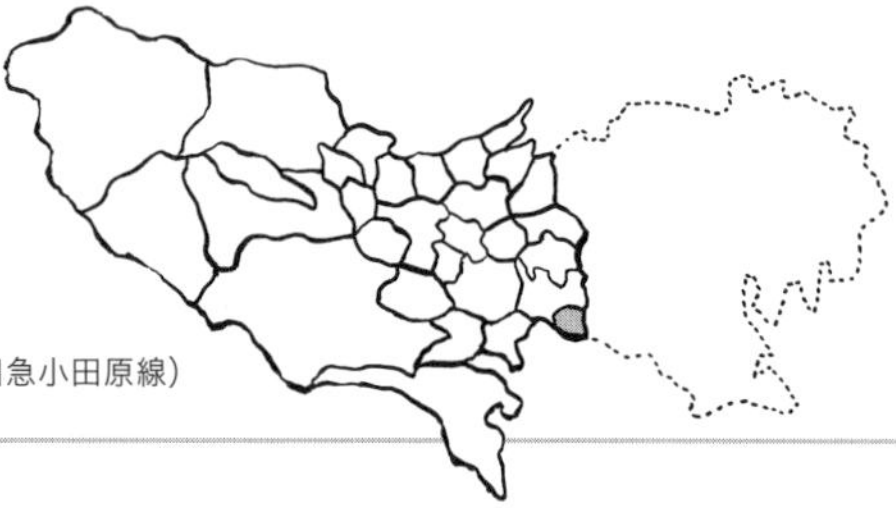

◆面積／6.39㎢
◆人口／82,617人
◆主要な鉄道駅／狛江駅（小田急小田原線）

狛江は都内で一番小さな市だ。面積およそ6・4㎢。これといった名所もない地味な市ではあるけれど、ここは23区外で唯一市外局番が03で（三鷹、調布の一部も）、後に続く局番も隣接するオシャレな世田谷ナンバー（車番は多摩ナンバーだが）に近いことから、わざわざ狛江に住居を構える者もいる。

泉湧く弁財天

新宿から小田急線に乗ると、喜多見の駅を過ぎてまもなく市域に入る。狛江で降りて歩きはじめることにしよう。北口に出て、まず目にとまったのが鬱蒼とした雑木林。解説プレートを見ると、この奥に池を携えて弁財天が祀られているようだ。裏手から回りこんでいくと、アメンボが浮かぶ小池の畔に弁財天の像と祠が置かれ、謂れ書きが出ていた。どうやらこの湧水の池が小田急の駅名・和泉多摩川にも使われた地名「和泉」のもとになったらしい。すぐ向こうに門を開けた寺は泉龍寺。奈良時代の765年の開山というが、参道の途中に立派な鐘楼が置かれ、墓地に囲まれた敷地も広い。なんでも、先の弁財天の池はここを開山した良弁《ろうべん》僧正が雨乞いをした折に湧き出した、という伝説もある。泉の名をもつ者として、のっけから因縁を感じる土地である。

品川道をゆく

駅の方へ一旦戻って、狛江通りから枝分れする旧道じみた通りに入った。入り口の所に松阪牛の看板の肉屋とタイ料理店が並ぶこの道、道端に表示はないけれど、携帯してきた地図に「旧品川みち」と記されている。

品川道を名乗る道は多摩川の周辺にいくつかあるけれど、東海道の品川へ通じているという意味だ。一応地元の人に確認をとろうと、玄関先に出たおじさんに「これ、昔の品川道?」と尋ねてみたら、「本当に古いのはこの裏走ってる通り。先の方に神社が

小田急線狛江駅前。小田急線沿線で展開する立ち食いそば屋「箱根そば」がある。

ある」と教えてくれた。

指示に従って、1本南方の道を曲がると、くねくねと湾曲した道づたいに古い農家や畑が並び、確かに古道の趣きがある。庭先で野菜を直売する家もあって、カゴの品札を見ると、里イモ、パプリカ、しょうが、キタアカリ（ジャガイモ）、青とうがらし……と、なかなかバラエティーに富んでいる。道はやがて片方から来た道と合流しながら、おじさんのいっていたとおり、神社の前に差しかかった。

ここも字遣いは異なるが、「伊豆美神社」という。大きな鳥居の先に、長身の人の頭が当たりそうな低い鳥居がもう1つ置かれているのがおもしろい。狛江市の木はイチョウというが、参道にギンナンが散乱していて、大きな袋を持ったおばちゃんが黙々と拾い集めていた。

「本当に古い道」にある野菜の直売。このあたりには畑も残る。

水神と「岸辺のアルバム」

神社の前の道をもう少し先へ進み、僕の地図に「万葉通り」と記された横道に入る。この道、うっかり見落としたが、多摩川を詠った万葉集の歌碑がどこかに建立されているという。そんな万葉通りが駅前から来る広い道にぶつかった所に「水神前」の道路表示板とバス停がある。すぐ向こうの多摩川の堤下に水神様が祀られていた。

狛江で水神というと、40年余り前の台風の折に発生した多摩川の大洪水を連想する。堤防が決壊、和泉多摩川近くの沿岸の住宅がいくつも流されて、そのエピソードをもとに山田太一の名ドラマ「岸辺のアルバム」が作られた。泉も含めて、水とゆかりの深い土地なのだ。

ところで、取材当日は台風一過のよく晴れた日和。多摩川の堤に上って、脇の草むらのなかを歩いた。ショウリョウバッタやカワラバッタが音をたてて跳ね飛び、あたりを何種ものチョウが飛びまわっている。モンキチョウ、ヒメアカタテハ、ツマグロヒョウモン……昆虫好きには格別な環境。とはいえ、ずーっと多摩川べりの草むらを進むのもナンなので、堤下の公園（昔の砂利採掘穴がもともと思しき池がある）のなかをぬけて、先のバス通りに戻ってきた。

むいから民家園

児童公園のバス停の横に茅葺《かやぶ》き屋根の古民家を保存したスペースがある。狛江市立古民家園の表札が掲げられているが、もう1つ、「むいから民家園」の別称がある。むいからとは、茅とともに昔の屋根によく用いられた麦藁の土地方言らしい。ここに保存された古物件は江戸後期（18世紀末）築の「荒川家住宅主屋」と江戸幕末期に造られた「高木家長屋門」だが、後者の方は屋根が最近の銅葺きに改築されているので、あまり古っぽさが感じられない。往時の趣きが残る荒川家の主屋は、昭和2年の小田急線開通の際に曳家《ひきや》して現在の線路上から移動、平成時代の初めまで、泉龍寺のすぐ近くに建っていたという。

うーん、しかしこういう解説を読むと、現地に建っていた状態のものを眺めておきたかった……と思う。

地味な古墳

狛江にこれといった名所はない……と冒頭で書いたけれど、この地域は知る人ぞ知る古墳の多産地なのだ。江戸の古民家よりずっと昔から、多摩川の左岸部に人が住み、墓が造られてきたのである。昭和30年代頃までは、市内（当時は町内）に30くらいの塚が確認できたというが、その後の宅地開発で消えて、現在残るのは10個ほど。なかでも一番規模があるという亀塚古墳ってのを訪ねてみよう。

民家園の前をちょっと駅方向へ進み、田中橋の交差点の先から、小さなお稲荷さんの右手の側道に入って、すぐ先の一方通行路を右折する。和泉多摩川の方まで屈曲しながら続くこの道、

上：多摩川。川の向こうは川崎市だ。下：狛江市立古民家園、またの名をむいから民家園。

狭い路地って感じだが、元和泉1丁目と2丁目の境界線になっている。僕が携帯する5、6年前の地図には都道114号の表示があるから、古い幹線道路なのだろう。歩いていくと、沿道には「石井」の表札を出した地主さんと思しきお屋敷が並んでいる。

大まかに調べてきたところ、この筋が大きく「く」の字に折れ曲がるあたりに亀塚古墳はあるはずなのだが、それらしき物件はまるで見あたらない。場所を勘違いしたのか……と不安になりつつ、小さな子供を連れたお母さんに尋ねてみると、「あー、少し戻った裏方の方ですね」と、指差ししながら道順を指示してくれた。

後戻りすると、路地の曲がり角の家の塀

「狛江亀塚」と記された亀塚古墳の石碑。

に、ひっそりとした葬儀場案内のような感じで、〈亀塚古墳←〉の表示を発見。2つ目の表示の出た、家屋の狭間の小路を入っていくと、朽ちた石階段を7つ8つと上った所に〈狛江亀塚〉の石碑を建てた古墳地があった。

「亀塚古墳は全長40mと狛江古墳群中屈指の規模を誇り、唯一の帆立貝形前方後円墳で、5世紀末～6世紀初頭に造られたと考えられています――」

なんとなく帆立貝の形状（上から見て）のようにも思われるが、まぁ石碑がなければただの荒れた小山にしか見えない。すぐ向こうにはアパートの壁が迫った、本当に狛江らしい地味な史跡である。

亀塚古墳を後に、先の都道114号指定の道を進んでいくと、和泉多摩川の駅の手前に行きあたった。リバーサイドモール――と名づけられた商店街には隣り町の調布アジスタ（味の素スタジアム）をホームとするサッカーJリーグ・FC東京の宣伝旗がずらっと掲げられている。一角のベトナム料理屋でランチを取った。店名はリバーサイゴン。なんだかダジャレみたいでおかしい。多摩川をサイゴン川に見立てたのだろう。

調布市

競輪と鬼太郎と深大寺

◆面積／21.58㎢
◆人口／236,178人
◆主要な鉄道駅／
調布駅（京王線など）、仙川駅（京王線）

前回の狛江は小田急線で世田谷区と隣接しているが、北方を走る京王線に乗って世田谷の区域を過ぎると調布市に入る。つつじヶ丘、柴崎、国領、布田と小さな駅が並んでいるけれど、同料金の「特急」に乗れば、明大前の次はもう調布。ここから多摩、橋本方面へ行く相模原線で1駅行った京王多摩川から散歩を始めることにする。

　僕が子供の頃は、ここが調布から分かれた支線のどんづまりだった。当時からもう駅前には京王閣競輪場が存在していたが、競輪場になったのは戦後のことで、そもそもの京王閣はメリーゴーランドや大噴水、プール、演芸場、ローマ風大浴場……なんてもんまで備えた豪華な郊外遊園地として昭和2年（1927）に開園した。時代的に見て、小林《こばやし》一三《いちぞう》の宝塚遊園をイメージしたのだろう。

「京王閣」の面影

改札を出たすぐ目の前に〈東京オーヴァル京王閣〉と最近の名を掲げて競輪場の玄関口がある。ちなみにこのオーヴァル（oval）はトラックの楕円形を意味するのだろう。開場する午前10時（クローズドの日も多い）をめざしてやってくると、ゲート前に目につくのは圧倒的にシニア世代の男たちで、それも紺灰系のキャップとジャンパー姿のスタイルが妙に多い。通路際には、赤競《あかけい》、青競《あおけい》、サイクル――3種の専門紙の売り台が出ている。しかし、この辺で赤青の配色は、地元（味スタ）のJリーグ・FC東京のカラーを連想する。

特観席のチケット（¥500）を買って3階のメインスタンド席についたが、この日は眼前のトラックでレースが行われるわけではなかった。皆、モニターに映し出された千葉競輪のレースを横目に新聞で黙々と予想検討している。

とりたてて車券欲のない僕は、早々に昼飯を取ることにした。館内にもレストランはあるけれど、入ったときから目をつけていたのが、池の畔に置かれた半露店調の食堂。「ふじみ橋」と刻んだ橋の向こうに〈ラーメン〉の赤のれんを掲げた入り口が見える。タンメン、カレーライス、煮こみ、おでん……と、競輪場らしい品書きが張り出され、注文した味噌タンメンは500円にしては、まずまずの味だった。

この半露店調の店、見上げると天井部は藤棚になっている。別に屋号など意識せずに食べていたら、ふと目を向けた玄関口の小さな柱にアンバランスな表札がひっそりと掲げられていた。

〈カフェ&ビア　ウィスタリア〉

ちょっとポカンとしてしまったが、そうか、ウィスタリアは「藤」をシャレたのだ……これも「オーヴァル」に連動するヨコモジ作戦の一環なのだろう。と、いったオチで競輪場の話は終わらせようか、と思っていたら、手元の資料『特急電車と沿線風景』（新宿歴史博物館・展示図録）に掲載された昭和10年当時の〈京王閣全景図〉に興味深いものを発見した。

遊舟池と表示されたボート池の傍らに藤

東京オーヴァル京王閣。次々と競輪ファンが集まってくる。

棚が描かれたポイント、この「ウィスタリア」の場所に違いない。すると、ここは昭和初めの開園当初からの歴史的な一画ということになる。

大魔神と鬼太郎

京王多摩川駅の東側に出て、調布駅へ向かうバス通りを北上すると、まもなく右手に角川大映——ひと頃の大映撮影所が見えてくる。壁にガメラのイラスト、玄関口に大魔神が2体建立されているが、昭和40年代初めのこの辺の特撮映画こそが僕が初めて観た大映モノ。その後オトナになって、増村保造の「黒」シリーズや若尾文子主演の諸作……好みの大映作品は増えたけれど、ここは昭和8年に「日本映画株式会社」の撮影所が置かれて以来、多摩川べりの映画村の原点となった所。少し東方の染地にいまも日活撮影所があるが、昭和30年代の全盛期に比べてこれら映画撮影所の規模は縮小された。

当日、通りに面した窓越しに売店に飾られたガメラのフィギュアや気味のわるい貞子人形が垣間見えたが、残念ながらこの日は休業

角川大映撮影所。玄関口に映画「大魔神」(1966年)の巨大な像が建っている。

日。先へ歩いていくと、狛江の回でも少しふれた「品川通り」に出くわす。この交差点を過ぎると、調布市役所やアフラックの高層ビルが林立して、ぐっと駅前らしくなる。こちらは南口だが、数年前に京王線が地下に潜ってしまったので、メリハリがないまま旧甲州街道の通る北口に出ていた。

もはや古株のパルコの横から電通大通りってのが北へ通っているが、これはあの広告代理店の電通の大通りってことではない。すぐ先にキャンパスを構える電通大（電気通信大学）へ至る通りってこと。しかし、散歩者はこの道よりも1本向こうに口を開けた天神通りを行く方が楽しい。所々に鬼太郎やねずみ男、ぬりかべ……なんかのフィギュアが飾られているのは、もちろんこの町に長く暮らした、「ゲゲゲの鬼太郎」の作者・水木しげるにちなんだものだ。

この道をずっと進んだ先に控えているのが布多天神社。調布の隣り駅の布田の名はこの天神がもとであり、補陀落《ふだらく》信仰との関連性を唱える説もある。天神ゆえ菅原道真公とのゆかりは深く（少彦名《すくなびこな》神とともに祭神）、境内には亀戸天神などでもおなじみの〝臥した

調布・天神通りの鬼太郎のフィギュア。

布多天神社門脇の首なし七五三晴着人形。

牛〟の像が見受けられる。

ところで、この日は七五三が近づいた時期ということもあって、参詣の親子の姿が目についたが、門脇に仮設された七五三内覧会の晴着サンプルを見てハッとした。首のないマネキンに男女の晴着が着せられている。貞子人形と鬼太郎キャラを眺めた後だけあって、瞬間ホラーな心地になった。

「ゲゲゲの鬼太郎」主要キャラの1つ、「ぬりかべ」のオブジェも。

深大寺の「ごぼごぼ」

布多天神社の脇道をさらに北進すると、およそ1キロで深大寺だ。直進するのもいいけれど、東寄りの佐須町の方に回りこんで野草園のある自然広場の側から入っていくのも一興だ。山裾の一画に調布市内では珍しくなった田んぼが残っていたりもする。

深い森に囲まれた深大寺――本堂、元三大師堂、釈迦堂、不動堂などが配置された境内の規模は案外コンパクトだが、なんといっても参道付近に寄り集まったそば屋の数がすごい。江戸時代からの名物と聞くが、とくに近頃は参拝や3月のダルマ市よりもそば目当ての観光客が増えた、という印象がある。

わざわざ古い造りにした店も多く、風情があって、手打ちの本格派の所もけっこうあるけれど、そばの主産地は福井や茨城など他県が主流。しかし、そば打ちに重要な湧水はいまも所々に見られる(回遊させるなどの細工を施している可能性はあるが)。

武蔵野の林を好んだ松本清張は数々の作品に深大寺を描いているが、とりわけ『波の塔』の序盤の描写は有名だ。

「歩いていて、林の中では、絶えずどこかで、ごぼごぼという水のこぼれる音が聞こえてくるのである……」

清張で「ごぼごぼ」というと、不穏な殺人シーンをも連想させるが、これが書かれた昭和30年代中頃は音が耳につくほど湧水が豊かだったのだろう。

深大寺門前にはそば屋がずらりと建ち並ぶ。

MITAKA-SHI

三　鷹　市

ジブリの森と人喰い川の文士

◆面積／16.42㎢
◆人口／190,737人
◆主要な鉄道駅／三鷹駅（JR中央本線）

三鷹を歩こうと思って吉祥寺へやってきた。おや？　吉祥寺は武蔵野市ではないか……と思われるかもしれないが、南口に出て井の頭通りを渡ってマルイの横道を入っていくと、井の頭公園の敷地から向こうは三鷹市なのだ。近頃建て替えてきれいになったヤキトリの「いせや」までは「武蔵野市吉祥寺南町」なのだが、すぐ横の階段を降りて1歩井の頭公園に足を踏み入れたところからは三鷹になってしまう。ちなみにこの公園、池の西方から自然文化園にかけてはまた武蔵野市の領域でややこしい。

井の頭の森の奥

最近浄化が施されてグッときれいになった池に架かる七井《なない》橋を渡って、隅っこの出島のようなところに祀られた弁財天に立ち寄る。水神の弁財天は各所に安置されているけれど、ここ井の頭は江戸へ水を供給していた神田川の水源だから、この弁財天は江戸市中から人々が参詣に訪れる筋金入りのパワースポットだった。当日も僕の前にパワスポ信仰者らしき若いカップルがお参りしていたけれど、そういえばここの池でボートに乗ると恋愛が破綻する……なんて伝説はまだ生きているのだろうか。

僕はデートで井の頭公園へ来たことはなかったけれど、小学1、2年生の頃の遠足でやってきたとき、弁当を食べた場所に水筒を置き忘れて、泣きそうになりながら探しまわったおぼえがある。

水筒を探したときの光景がぼんやりと残る森の奥の方へ進んでいくと、玉川上水の手前の小高い一角に〈松本訓導殉難の碑〉という古い石碑が建っている。

これは僕が水筒を必死こいて探した昭和30年代末の遠足より50年近く前の大正8年、秋の遠足で訪れた永田町小学校の児童が遊んでいるときに玉川上水に転落、助けようと水に入って急流に飲まれ命を落とした、松本虎雄という若き訓導《くんどう》（教師）を偲んだもの。昭和

井の頭公園へ続く道。公園敷地内からは三鷹市になる。右手は新生「いせや」。

井の頭池の中にある弁財天。デート中のカップルがお参りをしていた。

戦前の頃までは、美談として広く知られていたらしい。

　松本殉難碑のあるあたりは武蔵野市の領域なのだが、玉川上水の向こう岸はまた三鷹市内で、グランドの脇の林間を進んでいくとやがてジブリ美術館が見えてくる。ご存知、宮崎駿とジブリ映画作品の資料を展示したテーマパーク型のミュージアム。21世紀（2001年）にオープンした物件だが、井の頭の森の環境に、大昔からあったように定着している。

山本有三と太宰治

　吉祥寺通りの万助橋の所から玉川上水南の三鷹市側の道（風の散歩道）を歩いていくと、左手に山本有三の旧邸を使った記念館が建っている。

　三角屋根、スクラッチタイルの壁、サンタさんが入ってきそうな煙突……ジブリファンにもウケそうな可愛らしい洋館は大正15年に建築されたもので、昭和10年代からGHQに接収される終戦直後まで山本有三が暮らしていた。「路傍の石」はここで書かれたもので、門前には当時山本が中野あたりで発見して運んできたという、「路傍の石」と名づけられたゴツイ石が置かれている。山本有三、個人的には「路傍の石」より、僕が小学生の頃に復刻された「日本少国民文庫」のシリーズの「心に太陽を持て」が懐かしい。

さて、この館のちょっと先、むらさき橋のあたりは太宰治が入水自殺した場所だ。すると、そのとき山本有三はすぐそばにいたのか？　一瞬思ったが、太宰が死んだのは昭和23年6月13日。山本邸はＧＨＱにぶんどられていた時期なのだ。ところで、むらさき橋の橋上から眺めても、いまの玉川上水はヤブのなかに細流が垣間見えるだけで、とても入水自殺を遂げられるような環境ではないが、先の松本訓導が〝急流に飲みこまれた〟ように、昭和30年代初め頃までは水量も豊かで、流れも速かったという。太宰は「乞食学生」という作品のなかで松本訓導の件にふれている。

「万助橋を過ぎ、もう、ここは井の頭公園の裏である。私は、なおも流れに沿うて、

山本有三記念館。大正築の洋館が美しい。

一心不乱に歩きつづける。この辺で、むかし松本訓導という優しい先生が、教え子を救おうとして、かえって自分が溺死なされた。川幅は、こんなに狭いが、ひどく深く、流れの力も強いという話である。この土地の人は、この川を、人喰い川と呼んで、恐怖している。私は、少し疲れた」

これ戦前（昭和15年）の作というが、かなり意味深な内容だ。

むらさき橋の近くに、太宰の故郷・青森県金木《かなき》町（現・五所川原市）産の玉鹿石がひっそりと置かれているだけで、さすがに入水地を示す派手な目印はない。そして、上水ぞいの道はまもなく三鷹駅に行きあたる。地図で確認すると、駅の中央をスパッと斜めに玉川上水が横断している。こういう構図の駅もちょっと珍しい。上水に分断された北東側は武蔵野市で、南西側が三鷹市。

連雀の由来

小田急バスが並ぶ南口のターミナルを過ぎて、三鷹駅前郵便局の

三鷹の名刹・禅林寺の山門。マツの巨木も目に残る。

太宰治の墓。命日である桜桃忌にはファンが多く集まる。

表示が出た五叉路のサンクス脇の細い道に進路をとろう。逆一通のこの道、禅林寺通りのプレートが掲げられているように、どんづまりに三鷹の名刹・禅林寺《ぜんりんじ》がある。マンションが林立する、地味な路地ではあるけれど、ほとんどのマンションが〝禅林寺〟の名を掲げているのを見ると、このお寺が土地のブランドであることがわかる。

三鷹幼稚園という歴史を感じさせる幼稚園の先に、禅林寺の塀と小さな扉が見えてきたが、この裏戸は閉ざされていて、こちら側からは入れないようだ。右手の三鷹通りに面した八幡神社の境内を通りぬけて、南側に開いた山門から禅林寺へ入った。

この寺の名所は、本堂裏の墓地に存在する太宰治と森林太郎（もり・りんたろう／森鷗外）の墓。太宰の墓がココにあるのは地の縁として、森の墓は関東大震災の被災後に向島・弘福寺から移された。鷗外と三鷹の地に深い関係はないようだ。もう1つ、この墓地には太宰の死の翌年に起こった謎多き鉄道事件・三鷹事件の遭難者慰霊塔が建っている。

文豪の墓ばかりでなく、この寺には一帯の下連雀や上連雀の地名との深い由緒がある。連雀の名は、いまも神田須田町の「やぶそば」や「いせ源」などが集まるグルメ地帯の俗称として残る連雀町が源。明暦の大火で焼け出された神田連雀町の人々がこのあたりに移住、その際の宗門改め（戸籍移動）の届出場所として設けられたのが禅林寺の発祥とされる。そもそも三鷹の駅も、昔の禅林寺の敷地の一角に作られたというから、よほど広大な寺だったのだ。

武蔵野市

ジョージタウンとグリーンパーク

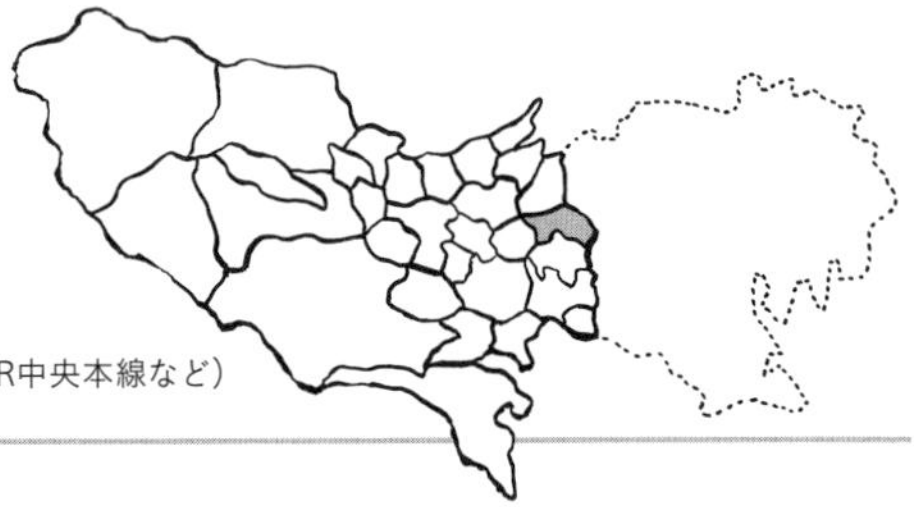

◆面積／10.98㎢
◆人口／146,970人
◆主要な鉄道駅／吉祥寺駅（JR中央本線など）

武蔵野市の中心・吉祥寺は、もう10年余り都心勢を抑えて、住みたい街ベスト1の座を保っている（たまに3位、4位のランキングも見掛けるが）。尤も、その大きな要素とされる緑豊かな井の頭公園は、前回書いたとおり大方の敷地が三鷹市の領域なのだが、駅北口に広がる吉祥寺の中心街も充実している。和洋中のグルメ、程良く洗練されたファッションや雑貨の店、なつかしき昭和の横丁の面影を漂わせるハモニカ横丁、郊外住宅の狭間を縫うように走るコミュニティバスの元祖・ムーバス……。

ジョージタウンのハモニカ横丁

そんなバラエティーに富んだ吉祥寺、偏屈な散歩人としては、オシャレタウン誌や情報番組でまず紹介されることのない、駅北東側の界隈から歩き始めたい。ヨドバシカメラの裏筋に入っていくと、「昼キャバ」なんて立て看板が道端にあったり、ラブホテル調のビジネスホテルが点在していたり、ソープランドのネオン看板がちらりと見えたり。この辺、吉祥寺に唯一残された裏池袋的歓楽街。僕が学生だった70年代後半、「城」っていう、あまり柄のよろしくないディスコがあったのもこの一角だったはず……。

散歩当日はクリスマス前の季節、ということもあって、西武や関東のバスが出入りする北口広場には大きなツリーが飾られていた。サンロードの入り口の西方に固まった低い家並がハモニカ横丁（ハーモニカ、と音引き入りで記すこともある）、戦後の闇市マーケットから発展した商店街で、ハモニカの口を思わせる細かいマス目の区画からその名が付いた。いかにも、中央線沿線らしい横丁だが、入り口の所に三千里薬品が店を出しているあたり、渋谷（井の頭線）の窓口の性格もあるのだ。

時間が早いせいか、まだ店の多くはシャッターを閉ざしていたが、ちょっと開けた道角にあるコロッケ屋の「さとう」と和菓子（モナカ）の「小ざさ」の前には早くも行列ができている。行列を横目にサンロードに入った。

この道が昔の駅前通りで、昭和30年代頃の古写真を見ると、狭い筋をバスが行き来していたようだが、僕が初めて吉祥寺へ遊びに来た70年代中頃にはもうサンロードの名を掲げたアー

ハモニカ横丁。アジア料理や今どきっぽい立ち飲み屋なども多い。

ケード街になっていた。そう、当時、〃若者の街　ジョージタウン〃なんていう恥ずかしいキャッチが伝播していた。デートで来たときに、サンロードが五日市街道に行きあたるちょっと手前の「スパゲッ亭」という、いかにも70年代センスのレストランに入ったおぼえがあるが、もはや見当たらない。

その当時、吉祥寺には吉祥寺という寺がある……と思いこんでいたけれど、ここは江戸時代に水道橋あたりにあった吉祥寺の門前住人たちが明暦の大火で焼け出されて移住したのが由来（三鷹の連雀と同じだ）で、本体の吉祥寺は現在本駒込にある。この地に吉祥寺はないものの、サンロード脇から北方にかけて、月窓寺《げっそうじ》、光専寺《こうせんじ》、蓮乗寺《れんじょうじ》、安養寺と4つの寺が集まって（四軒寺《しけんでら》の俗称もある）、これらがぼんやりと寺町らしいムードを醸し出している。

近藤折箱店は？

吉祥寺散歩、東急デパート脇から郊外気分の小物屋やカフェが並ぶ横道を進んでいくのもいいけれど、オモテの五日市街道ぞいにもなかなか渋い店がある。成蹊大学の方へ向かって歩いていくと、右手に〈珈琲プチ〉とオレンジ（というより橙《だいだい》色と呼びたいような）の看板を出した、古めか可愛らしい喫茶店がある。看板に1947と刻まれているから、おそらく

1947年からやっている、ということだろう。この店、車で通りかかって前々から気になっていたのだが、僕が目にとめるときはいつも閉まっている。今回も時間が早いのか、まだ開いていない。

ケヤキ並木が美しい成蹊の入り口を過ぎると、道の左手に焦茶の塀が印象的な古い材木屋が見える。「完全な遊戯」という小林旭が新人の頃の日活映画があって、吉祥寺の町が舞台になっているのだが、あれに出てくる材木屋になんとなく似ている。ま、映画は地理的にもっと駅に近かった気もするが……。

ところで、車で走っているとき、このあたりに「〜折箱店」という素朴なトタン看板を出した小さな店があったはずなのだが、目に入らない。それを探して関東バスの武蔵野営業所の方まで来てしまったが、これはうっかり見落としたのかもしれない。バスで成蹊の手前まで引き返したが、なかった（その後、件の店「近藤折箱店」は、ずっと手前の吉祥寺本町1丁目に存在することを確認した）。

グリーンパークの歴史

成蹊の横のケヤキ並木の緑道から吉祥寺北町の住宅街に入る。ゆったりとした屋敷街の道端に桜が植えこまれた景色は名前の似た成城にも似ている。この辺、一方通行や袋小路が多いので、車で入りこむとけっこう苦労する地帯なのだが、成蹊高校の西門あたりを西へ進んでいくと、武蔵野陸上競技場の裏手に出てきた。

競技場の脇に「ここはかつて中島飛行機の運動場だった……」ウンヌンという謂れ書きが出ていたが、中島飛行機は九七式や隼《はやぶさ》……数々の戦闘機やエンジンを製造していた軍事産業の草分け。ここから緑町パークタウンや武蔵野中央公園にかけての一帯がその敷地で、終戦後はＧＨＱに接収されて〈グリーンパーク〉という米軍宿舎が置かれていた。そして、現在の市役所裏あたりにあったグリーンパーク野球場では一時期プロ野球の試合が行われ、三鷹の先で枝分れした武蔵野競技場線という中央線の支線が通じていた時期（昭和26〜34年）もあったのだ。

市役所の奥にＮＴＴの〈研究開発センター〉がある。どことなく「ウルトラセブン」の警備隊本部を思わせるようなハイテクビルが建ち並ぶこの施設、そもそも電通研（電気通信研究所＝調布の回

グリーンパーク遊歩道。緩やかな緑道は線路の名残り。

NTTの研究開発センター。かつては軍事施設が置かれていた場所だ。

で所属する電気通信大学にふれた）が置かれていた所で、中島飛行機とも関連する重要な軍事施設だったのだ。その先に広がる武蔵野中央公園の草地をぬけて、南門の向こうから始まるグリーンパーク遊歩道というのに入った。緩やかに湾曲するこの緑道、小川の跡かと思っていたら、どうやらこの筋がグリーンパーク球場まで通じていた支線の跡らしい。しかし近頃のこういう緑地はそこらかしこに、「ハチ注意」の警告が出ていて、なんだかみっともない。

やがて、井ノ頭通りに行きあたった。向こう側には延々と境浄水場のフェンスが続いている。多摩湖から一直線にパイプライン（上に自転車道が通っている）で送られてきた水はここで浄化されるわけで、さらに都心へ続く井ノ頭通り（こちらは井ノ頭と〝ノ〟表記）が俗に水道道路と呼ばれる由縁でもある。

境停車場あたり

浄水場の先で井ノ頭通りと合流した五日市街道をちょっと下っていくと、玉川上水と千川上水の分岐点に境橋というのが架かっている。この辺から小金井橋にかけての玉川上水の堤は江戸時代の後半から桜の名所として知られ、そんな要素も一因となって南方の武蔵境の駅は境停車場として明治22年、沿線（当時・甲武鉄道）では吉祥寺や三鷹よりも先に開設された。ちなみにいま桜は老木がちょぼっと見えるだけで、むしろケヤキやクヌギの方が目につく。

と、散歩はここで終えようと思ったのだが、武蔵境の駅近くに前々から気になっていた建物がある。中央線の車窓越し、三鷹寄りの南側に見える赤屋根に望楼をつけた洋館。行ってみるとこれ、日本医科大学の獣医学校（日本獣医生命科学大学）の校舎なんだね。なんでも昔の東京市麻布区の役所庁舎（明治42年竣工）を移築したものらしい（玄関のポーチは後から付け足した）。

生徒に紛れてスーッと入っていきたかったけれど、門脇でガードマンがじっと監視しているので諦めた。

日本医科大学獣医学校の校舎。赤い屋根の洋館がかわいらしい。

KOGANEI-SHI

小　金　井　市

古建築パークと「はけ」の細道

◆面積／11.30㎢
◆人口／124,163人
◆主要な鉄道駅／
武蔵小金井駅（JR中央本線）、
東小金井駅（JR中央本線）

小金井市――その中心の駅は武蔵小金井ということになるのだろうが、中央線の1つ手前に東小金井という駅がある。ここは僕が小学生の頃（64年のオリンピックの年）にできた比較的新しい駅で、ひと頃まで目ぼしいショッピングビル1つなかったけれど、降りてみると改札のすぐ先から〈nonowa〉なんていう、最近ハヤリのシャレた高架下モールができあがっている。新開地のムード漂う北口のバスターミナルから出る〈CoCoバス〉というコミュニティバスに乗って、市の北部の方から攻めようと思う。

江戸東京たてもの園

nonoとかCoCoとか……いかにも郊外のカフェセンスのネーミングだが、Co（コ）の方はたぶん小金井を意味しているのだろう。バスは新しそうな学校キャンパス（東京電機大付属校や法政大）が建ち並ぶ道を北方へ進み、五日市街道に突きあたる。その関野橋の所で僕はバスを降りた。玉川上水ぞいのこの道は、前回歩いてきた境橋のちょっと先。境橋あたりはケヤキやコナラが目についたが、この辺は従来の小金井堤の桜が並んでいる。右手に広がる小金井公園のなかへ入っていくと、やがて林の奥に黄色い都電が垣間見えた。フェンスの向こうに7500形の都電が置かれ、背景に古い町並が広がっている。公園の西側に設置された「江戸東京たてもの園」だ。

　北側の小金井カントリー倶楽部（ゴルフ場）まで含めて小金井大緑地と呼ばれていたこの一帯に、昭和15年の紀元2600年の祝典会場として皇居外苑に建てられた光華殿《こうかでん》が移設されたのが発端。それでも戦後公園化されてから長らくは、「武蔵野郷土館」の名称で、もっとずっと昔の前方後円墳とか竪穴式住居とかの展示が中心だったらしい。いま玄関口に建っている寝殿造りの建物（ミヤゲ物屋や展示室が入っている）こそ、戦前からここにある光華殿なのだ。

二・二六事件の現場となった高橋是清邸。建物に加え、庭も再現されている。

1937年築の常盤台写真館は、モダニズム建築の典型例として知られている。

さて、旧光華殿の向こうに配置された古建築は、三井財閥・三井八郎右衛門邸やら建築家・前川國男の自邸やら板橋の常盤台にあったモダンな写真館などなど……八王子千人同心が使った江戸時代の茅葺きの屋敷なんかもあるにはあるが、江戸よりも明治以降の近代クラシック建築のテーマパークといえる。なかでも、一見してインパクトを感じたのは高橋是清邸。明治35年、赤坂に竣工した巨大な2階建ての日本家屋は、玄関先に長く突き出した和風のポーチに圧倒される。これが、いま高橋是清公園になっている246（青山通り）の草月ホールの並びに建っていたのだ。

2・26事件（昭和11年）のときの暗殺現場となった2階の書斎間に〝ダルマ〟のあだ名で親しまれた是清の、太った晩年の写真が飾られていた。僕はこの肖像を見ると、幼い頃まで微《かす》かに流通していた高橋是清図案の50円札（昭和26年発行）を思い出す。くすんだ橙《だいだい》色のお札で、時折あそんでくれる近所の兄ちゃんがシワくちゃのやつを財布から出して、「ダルマの50円札、知ってつかよ?」なんて見せびらかしていた、おぼろげな記憶がある。

「千と千尋」の湯屋?

来るときに都電を見掛けた園の東側の方には、ひと昔前まで都心に存在した商店が集まっている。神田の文具店・武居三省堂、白金の小寺醤油店……そんな筋の突きあたりにドデンと構えるのは千住に存在した銭湯・子宝湯。唐破風《からはふ》と入母屋《いりもや》破風の屋根が二段重ねになった独特の佇まいの建物は、あの「千と千尋の神隠し」の湯屋のモデルの1つになった、という説がある。僕の前を行く若い女の子3人組は、おそらく宮崎アニメのファンなのだろう。まわりの建物には目もくれず、子宝湯の前まで一目散に進んで、それぞれポーズをきめて写真を撮り合っていた。

ところで、この辺の商家の横壁にホーロー看板がいくつか張られていたのだが、妙に数が多くて不自然なんだよね。後から張り足したんじゃないのかな……ハコが渋いんだから、ムリにレトロな演出をすることもないのに……。

多少気になる所はあるものの、森に囲まれた環境といい、オトナがじっくりくつろげる、よくできた施設だと思う。外に出て、玉川上水ぞいの五日市街道を西へ進む。3人組女子ではないけれど、またまた前方にアラフォー見当の女性がいて、何やら鼻唄をうたいな

子宝湯。銭湯の街・千住でもひときわ贅を尽くした建物だったという。

建物は趣きがあるけれど、側壁にむやみに掲げたホーロー看板が惜しい。

がらいい調子で歩いている。川岸の樹々に紅葉もちらほら見受けられ、空も快晴だから、ピクニック気分になったのだろう。

何をうたってるのか？　曲を確かめたいが、あまり距離を縮めると警戒されるだろう。変質者と見られなくとも、うたうのはやめてしまうかもしれない。ま、いいかと歩速をあげて近づいていくと、追いぬく一瞬メロディーが耳に入った。

♪すみれの花〜咲く頃〜

詞はなかったものの、ハミングでうたっていたのは、タカラヅカ御用達の「すみれの花咲く頃」。もしや彼女、ヅカファン？

はけ地帯へ

10年ほど前まで、古いレンガ橋が架かっていた小金井橋の所を左折すると、1キロ足らずで武蔵小金井の駅。もうこの辺からも駅前のタワービルが見える。イトーヨーカドーも西友も成城石井もドン・キホーテもある、それなりの市街地だが、駅を越えて南口のちょっと先まで行くと、武蔵野らしい草深い崖線に行きあたる。大岡昇平の「武蔵野夫人」に描かれた「はけ」と呼ばれる湧水豊かな地帯。

連雀通りから南方の低地に向けて、念仏坂とか、なそい坂とか、趣きのある名の急坂や石段道がいくつも口を開けているが、前原坂上交差点の脇から始まる質屋坂というのを下っていくことにする。S字カーブを描く坂の中腹、質屋坂の由来碑（この道は府中と志木を結ぶ古道で、沿道に質屋があったウンヌン）のすぐ横に立派な古屋敷が建っているが、ここなんかいかにも昔の質屋を想像させる。

ワゴン車のCoCoバス

坂下の道を東進、小金井街道の下をくぐって向こう側に行くと、西念寺に金蔵院、崖下に寺が並んでいる。金蔵院の門前から始まる道に「はけの道」と付いているので、湧水の小川が道端に流れているのか……と期待していたら、水はなかなか現われない。しばらく行った所の「はけの森美術館」の先で、ようやく武蔵野の「はけ」らしい小川が出現した。ここから小川の流れにそって「はけの小路」という野径が右手のヤブの奥へと続いている。入っていくと、やがて野川の岸にぶつかった。

国分寺市内の複数の湧水地を水源に小金井、三鷹、調布、世田谷の南部を流れて多摩川に合流する野川は、ほとんどの区間で草地のなかを水が流れる、昔の里川の環境を保っている。といっても、まるで昔のままではなく、一旦洪水対策で深く掘りこんで護岸を施した後、土を被せて昔風に仕上げたものなのだ。しかし、水際の草むらの小径を歩くことができて、水も澄んでいるので、散歩人にはとても快適だ。川べりの道には、散歩人をターゲットに、自然愛好家のマダムが趣味で始めたようなカフェや小物屋がぽつぽつと見受けられる。

もうこのちょっと先は多磨霊園だが、散策は府中市の回にまわして、そろそろ引き返そう。歩いているときに、この辺にもあのＣｏＣｏバスの停留所を見掛けた。

野川に架かる天神橋の停留所で待っていると、車1台しか通れない狭い道をＣｏＣｏバスがやってきた。しかし、このエリアの車両は道が狭いせいか、いわゆるワゴン車なのだ。町内会の寄り合いで使うような十数人定員のワゴン車のバスは、すぐに満席になって、助手席にまで客が座っている。この満杯のワゴンバスが、市役所脇の斜度15％の「なそい坂」を駆け上るシーンは、バス好きの胸を打った。コレ、また乗りに来たい。

小金井の閑静な住宅地の路地をCoCoバスは走る。

野川べりを歩く

三鷹市の回で書き落としたが、野川べりをもう少し南下すると都立野川公園の領域（小金井、調布、三鷹の3市にまたがる）に入り、左岸の崖上にはＩＣＵの広大なキャンパス、昭和戦前モノのクラシックな観測機が森の中に点在する国立天文台、新選組・近藤勇の生家跡のある龍源寺……といった名所が多い。

龍源寺の門前から水車通りというのが野川にそうように南下しているが、その名のとおり、古くから野川べりで水車業を営んでいた峯岸家という茅葺き屋根の農家がある。いまも立派な水車が保存され、そのしくみや歴史を学ぶこともできる。この辺まできたら、深大寺まで足を延ばしてみるのもおもしろい。

のどかな流れを見せる野川（武蔵野公園付近）。

府中市

武蔵の国府、ここにあり

◆面積／29.43㎢
◆人口／261,742人
◆主要な鉄道駅／
府中駅（京王線）、多磨駅（西武多摩川線）

前回（小金井市）、多磨霊園は府中市の散策のときに寄ろう……というようなことを書いたので、府中市はこちら東の方からアプローチしようと思う。

中央線の武蔵境から西武の多摩川線に乗り継いだ。多摩川の川原から砂利を運ぶ目的で大正時代に敷かれた、いかにもローカル鉄道気分の路線だが、駅間が長いので単線の割にけっこう速い。風光明媚な野川の緑地を過ぎて多磨駅で降りる。この駅、20世紀の頃まで多磨墓地前と称していたのに、不動産的に墓地のイメージがよろしくないとかの理由で、ただの多磨になったのだ（南方の京王線の駅はいまも「多磨霊園」だが）。尤もこの辺のタマのマは下に「石」が入る方で、どことなく墓石を連想させる。

多磨霊園の名士たち

駅前から人見街道にそって、墓地の門前町らしい石屋が並んでいるけれど、とくに正門の前道には右先読みの古めかしい看板を掲げた店が見受けられる。東京市営の多磨霊園が開設されたのは大正12年、震災前の4月のこと。正門から入っていくと、中央の道は「名誉霊域」と名づけられ、名士の立派な墓石が並んでいる。左手に山本五十六、東郷平八郎、その先の右手には先日小金井公園（江戸東京たてもの園）で旧居を眺めた高橋是清、と日本史に名を残した偉人の墓が集まっている。

コピーしてきた地図には北原白秋、菊池寛、田山花袋、与謝野寛（鉄幹）……文人系の墓も表示されているが、派手な看板や矢印などは出ていないから、見つけるのはけっこう難しい。ちなみに、当日は晴れた師走の平日、午前9時台でほとんど人がいないこともあって、武蔵野の厳かな聖域のムードが伝わってくる。園内の西方を南北に走る壁墓地通り（途中に小さな壁型の墓石が集められた一

多磨霊園の門前には古めかしい石屋が並ぶ。

本姓「平井」の名を刻む江戸川乱歩の墓。

角がある）というのに入ると、前方に小高い浅間山《せんげんやま》が見えてきた。

目当てにしていた文人の墓の大方は見落としてしまったが、浅間山の方へ行く草深い山径の入り口に、平井家の本姓を大きく刻んだ江戸川乱歩の墓を発見した。乱歩の旧邸は池袋の立教大裏に保存されているから、お墓も雑司ヶ谷あたりをイメージしていたのだが、こんな所にあったのだ……。

大國魂神社へ

標高80メートルほどの浅間山の一帯は、新田義興・義宗軍が足利尊氏軍と戦った人見ヶ原の古戦場としても知られる地だが、人見とはこのあたりの豪族の名で、鎌倉時代末期に活躍した人見四郎の墓というのも山上に置かれているらしい。僕は麓の人見稲荷の脇をぬけて、南方の人見街道に出た。そう、わが家に近い浜田山の井ノ頭通りから枝分れする人見街道は、この辺が起点の道なのだ。

そして、この道を「ちゅうバス」という府中のコミュニティバスが通っているようなので、これに乗って府中の駅まで移動することにしよう。小金井でも乗ったけれど、こういう未知の土地を走るコミュニティバスというのは楽しい。目の前に武蔵野らしい農家が見える浅間山公園入口の停留所で待っていると、やがて緑色の可愛らしいバスがやってきた。

　満員のバスは東府中の駅の方へ南下した後、航空自衛隊の基地に隣接した府中の森芸術劇場や美術館の方を回って、府中駅の北口に到着。僕は駅のコンコースを通りぬけて、大國魂神社へと続く、ケヤキ並木の参道へ入った。

　沿道にショッピングビルが並ぶ、原宿の表参道にあたるような門前通りだが、ここのケヤキ並木は東京の歴史にしばしば登場する源頼義・義家の親子が１０６２年の前九年の役の戦勝祈願で植えこんだのが発端らしい。前方を横断する甲州街道の旧道に門を開いた大國魂神社も、当然のごとく歴史は古い。創建は神話レベルの景行《けいこう》天皇

大國魂神社の長い境内。ずらりと掲示された広告提灯の名義を眺めるのも楽しい。

41年、そして645年の大化の改新時に武蔵国の国府がここに置かれ、先の源親子のケヤキ伝説なども残るように、源頼朝の鎌倉時代に大いに発展する。徳川時代になって海寄りの江戸がにぎわうまで、関東の政治の拠点はここだったのだ。

入り口に〈主な年間行事〉として様々な祭事が記されている。節分祭、くらやみ祭、すもも祭、くり祭、酉の市――このなかでとりわけ有名なのが「くらやみ祭」。5月3、4、5日の日付が表示されているけれど、4月30日に宮司が品川沖の海水で身体を清め、そこで汲みとった海水を神社に持ち帰る（祭りの期間、これをお清めの水として使う）というところから始まる長い祭事なのだ。当初、山場の5日の夜更けに町全体の灯りを消して、暗闇のなかで神輿の渡御が行われたことからこの名が付いたらしい。いまはさすがに町規模の消灯は無理だが、暗い参道を提灯の灯りを頼りに神輿が行進する様は幽玄な風情があって、府中や小金井のケーブルTVから発展したジェイコムのチャンネルではひと頃まで延々と祭りの生中継をやっていた。

ま、そういう祭りの日はともかく、直線の参道の正面に本殿、左右に小さな神社や神楽殿などがきちんと対称的に配置された境内は散歩していてあまりおもしろくない。西側の参道から府中本町駅の方へぬけたが、この辺も古い建物は乏しい。もう少し昔の町並を大切に残しておけば、多摩の鎌倉的な観光地になったろうに。どうも残念な古都である。

ブバイの新田像

府中本町の駅上を渡る道は鎌倉街道。いまは道幅の広い新道になったが、南方の関戸橋で多摩川を渡って、ずっと鎌倉方面まで続く歴史深い街道だ。この沿道に新田義貞（人見ヶ原の兄弟の親）と幕府側の北条泰家勢との戦で知られる分倍河原《ぶばいがわら》古戦場がある。そして、途中のサミットなんかが収容された巨大ショッピングモールの横を入った所に分倍河原駅があって、この駅前広場に馬上の新田義貞像が建立されている。

ところで分倍河原という地名、子供の頃に京王線で多摩動物園に遊びに行った当時から耳に残っていた。町名は分梅と綴り、梅伝説なんかも絡んでいるのかもしれないが、ブバイとカタカナにすると中近東やインドっぽいイメージも浮かぶ。中央高速の下をくぐった先に古戦場にまつわる石碑が置かれていたが、すぐ脇を小川が枝分れするように流れ、あたりが多摩川沿岸の低湿地だったことが想像される。新田の戦の時代は広大な多摩川原だったのだろう。

三億円事件の通り

と、鎌倉時代の話が中心になったけれど、府中というと僕の世代は鎌倉時代よりずっと後、およそ50年前の事件がまず思い浮かぶ。昭和43年、1968年の12月に起こった三億円事件である。あの事件の発生現場は北府中駅から近い府中刑務所の脇だった。府中本町から武蔵野線に乗って北府中で降りる。駅のすぐ左手には奪われた三億円のボーナス支給先だった東芝の大工場がいまも広がっている。

ちなみに正確な事件発生日は12月10日、この取材日は2016年の12月12日だから、ほぼ48年前の出来事ってことになる。

武蔵野線と並走する府中街道をちょっと北上、いま学園通りと名づけられた横道を少し入ったあたりで、現金輸送車のセドリックは白バイのニセ警官に車ごと奪われた。行ってみると、片側に刑務所の塀が

昭和の怪事件・三億円事件の現場となった府中刑務所の脇。

延々と続く構図は当時と同じだが、黒灰色のコンクリート塀は白い新建材風の塀に変わって、なんだか随分カジュアルな感じになった。澄みきった青空が広がる快晴の天候も明るい雰囲気に拍車をかけているのかもしれない。繰り返しニュースで報道された、事件発生時の現場は冬の雨が寒々と降りしきっていたはずだ。

KOKUBUNJI-SHI

国分寺市

武蔵野夫人のポーチドエッグ

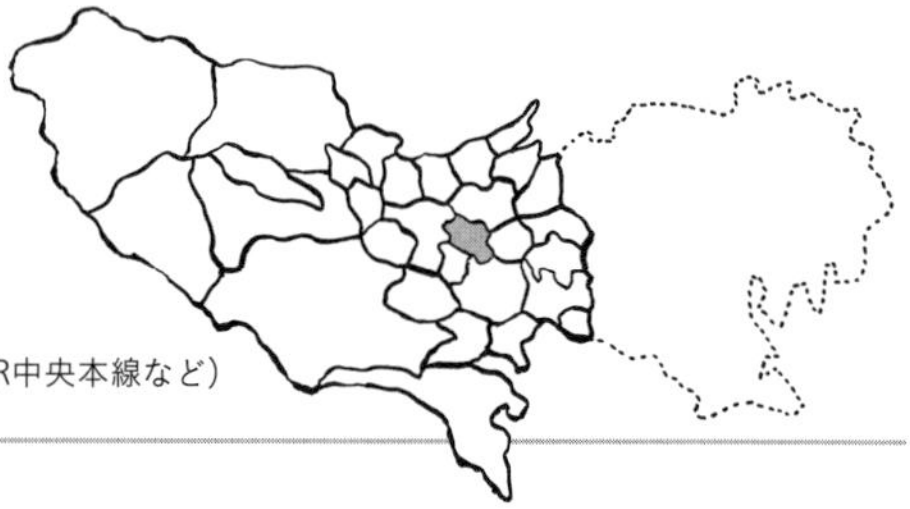

◆面積／11.46㎢
◆人口／125,029人
◆主要な鉄道駅／国分寺駅（JR中央本線など）

中学から高校の頃にかけてフォークソングが流行した。吉田拓郎や岡林信康、高田渡、遠藤賢司……といった、プロテスト性のある自作の曲を歌う面々が中心で、僕も安いギターを手に入れて、拓郎の曲をマネたオリジナルを何曲か作って、親が寝静まった夜更けに1人歌ったりした思い出がある。

70年代の初め頃の話だが、当時東京のフォークシンガー勢は中央線沿線の寺の名が付く街に住む、といわれていた。吉田拓郎の高円寺（自身の曲にも「高円寺」というのがある）をはじめ、吉祥寺、そして国分寺、俗に〝中央線三寺〟とも呼ばれていた。ちなみにユーミンの八王子は、見てのとおり、寺ではなく子なのであった。

三寺のなかで都心から一番遠い国分寺には、忌野清志郎らＲＣサクセションの面々がいたはずだが、ここは吉祥寺のように話題の喫茶店などがあるわけでもなかったので、わざわざ訪ねることはなかった（むしろ1つ先の国立の方がスポットは充実していた）。

殿ヶ谷戸庭園

さて国分寺、その地名のもととなった国分寺や関連史跡が存在するのは主に駅の南側だ。南口に出ると、道（多喜窪通り）のすぐ向こうに見える木立ちは殿ヶ谷戸《とのがやと》庭園。随宜園《ずいぎえん》の俗称もあるここは、大正時代に江口定條《さだえ》（三菱財閥や満鉄の役員、貴族院議員なども務めた資産家）の別荘、さらに昭和以降は岩崎一族の岩崎彦彌太が所有していた別荘で、一時期再開発で潰される話も出ていたが、環境にうるさい国分寺の住民たちの運動もあって、見事な庭園が保存されることになった。アカマツやケヤキ、コナラの林、竹林、崖地から湧き出した水が注ぎこむ谷合いの池……国分寺崖線の地形をいかした、自然豊かな庭園が広がっている。

庭園の横の坂を下っていくと、低地に野川が流れている。見晴らしの良い崖際のあたりには、いまも別荘風のお屋敷が並び、隠れ家調のメシ屋がある。店先の白板に〈本日の特撰品〉として記された、クロマグロ、サメガレイ、マサバ、ヒレナガカンパチ、イズカサゴ……なんて凝った魚のラインナップを一見して、舌の肥えた富裕な客種が想像されてくる。

国分寺の源

　野川に架かる不動橋（一里塚のバス停がある）の所から、南西方向へ行く道に入っていくと、やがて〈お鷹の道〉の入り口に差しかかる。道端を野川の支流にあたる小川が流れているが、そうか……僕が小金井の〈はけの道〉の景観に重ね合わせていたのは、こちらの〈お鷹〉の方だったのだ。「ホタルのすむ川」と但し書きが付いているが、確かに水は澄んで美しい。ちなみに〈お鷹〉の由来は昔の鷹狩り場のことで、これは三鷹と同じ。

　お鷹の道を小川づたいに歩いていくと、いまの国分寺の門前に出るようだが、ちょっと南方に進むと、さらに古代の武蔵国分寺跡の一帯に至る。お年寄りグループが球打ちに励むゲートボール場の向こうに、七重塔の跡地がある。

　8世紀の中頃の創建とされる当初の国分寺、その大方は前回訪ねた分倍河原の合戦時に焼失したという。シンボルでもあった七重塔（初代は9世紀に落雷で焼失）をはじめ、往年の堂宇の位置を定めた歴史公園の整備が始まりつつあるようだが、いまはまだ荒れ果てた空き地が広がっている。そう、あの三億円事件で犯人に乗っ取られた現金輸送車（セドリック）が乗り捨てられていた場所がこの国分寺跡のあたり。荒れた草むらにぽつんと車が置かれた報道写真が印象に残っているが、この七重塔跡の周辺、いまもそういう三億円事件の時代の面影が感じら

上：殿ヶ谷戸庭園。武蔵野らしさを残す緑あふれる庭園だ。
下：国分寺の名のもととなった、武蔵国分寺の七重塔の跡。

れる。

初代国分寺跡の北側に、立派な山門（仁王門）を見せて建っているのが、いまに続く国分寺。これは江戸時代の宝暦年間に建設されたものらしい。北方の山上に向かって、本堂、薬師堂、さらにその先は公園化されているけれど、この辺で国分寺とお別れして府中街道を進んでいくと、やがて西国分寺の駅前に差しかかる。

武蔵野夫人の「はけ」

この駅は僕が拓郎まがいの曲を作って、気ままなフォーク野郎気分に浸っていた高校生の頃に武蔵野線の開通（1973年）に合わせて誕生した駅だから、周辺に古い木造の店屋などはない。用を足そうと入った〈珈琲〉の看板の店は、若い夫婦と思しき男女がカウンターに入ったいまどきのカフェで、僕の隣りのテーブルのヤンママ2人組はトーストにポーチドエッグっぽいもんをのっけたようなのを食べている。ふと目を向けたマガジンラックのメンツもカレーやコーヒー特集の「ブルータス」に「ポパイ」、そしてネコの本が目につくあたり、絵に描いたようである。しかし、ただの郊外のゆるいカフェではなく、注文したハンドドリップ式のブレンド（西国分寺ブレンド、という）はなかなかおいしい。

若いマダム風の客が多かったけれど、こういうのをいまどきの武蔵野夫人、というのかもしれない。

「武蔵野夫人」とは、戦後の大岡昇平の小説で有名になったフレーズだが、その舞台が前に歩いた小金井から国分寺にかけての「はけ」の地帯で、とくに西国分寺駅の北東側に存在する「姿見の池」は重要なシーンとして描かれている。

小説の刊行は昭和25年、翌26年に溝口健二の監督で映画化されているが、この映画の方はビデオやCSチャンネルの放送で何度か観た。田中絹代演じる妙齢の夫人といとこの大学生の男との、いわゆる不倫モノだが、野川の流れや武蔵野の雑木林の景色が白黒ながら（白黒だからこそ、かもしれない）、実に美しい。

散歩する大学生が畑の農夫に「この辺はなんていうの?」と尋ね、農夫が「恋ヶ窪」と答えるシーンがあったはずだが、そもそも恋ヶ窪と呼ばれたのは、いまの西武国分寺線の駅よりずっと南、姿見の池のあたりを指したようだ。

中央線の線路端、雑木林に隠れるように姿見の池は存在しているが、謂れ書きを読むと、昭和40年頃に一旦埋められてしまったのを、その後復元したのが現在の池らしい。なぁんだ……じゃあもう武蔵野夫人の頃の池とは違うのだ、ってことになるけれど、溝口健二の映画に出てくるロケ地は実際この辺ではなく、東久留米市南沢の落合川流域と聞く（このポイントは僕も好みの所なので、後に訪ねる予定)。

ワタナベ画伯が眠る地

野川の水源にあたる湧水の池は、国分寺駅寄りの日立中央研究所内にも存在するが、こちらは決められた数日しか一般人は入ることができない。しかし、その研究所の脇あたりはＪＲの柵が低いので、中央線の写真を撮るには絶好の場所だ。

姿見の池に来たとき、不意にあることを思い出した。生前長らく懇意にしていたイラストレーター・渡辺和博画伯のお墓はこのすぐそばだったはずだ。実は小金井市の回でも、野川近くの御自宅の前を通りがかってベルを押したのだが、家の人は不在だった。

武蔵野線が向こうに見える台地の斜面に墓石が並ぶ。きちんとした明朝体で名前が彫られた墓石のなか、渡辺さんのは〈ワタナベ〉とメモっぽい手書きで記して簡単に街のスケッチを添えた……ような感じが、ヘタウマ絵で鳴らした人らしくていい(これは幼い頃の息子さんか娘さんの作、と伺った)。

日立中央研究所の脇は、絶好の"撮り鉄"スポットだ。

前に墓参したのは七回忌のときだったはずだが、傍らの記録を見ると亡くなられたのは２００７年の２月……だから、もう10年になるのだ。

渡辺和博画伯の墓。ポップなイラストが人柄をしのばせる。

KUNITACHI-SHI

国立市

RCの歌に魅かれて

◆面積／8.15㎢
◆人口／74,819人
◆主要な鉄道駅／
国立駅（JR中央本線）、谷保駅（JR南武線）

国立にやってきた。ここは北口のすぐ先は国分寺市の領域で、国立の市域は主に駅の南側に広がっている。南口に出て振りかえると、そうかあの赤い三角屋根のシャレた駅舎は高架化と同時に取り壊されてしまったのだ……。味気ない現在の駅舎を眺めつつ、落胆していたら、広場の一角に旧駅舎再生の看板が出ていた。どうやら古建材の多くは保存されているらしく、いま工事フェンスに仕切られているあたりに復元されるようだ。やはり、国立はあの三角屋根の駅がないと締まらない（完成は２０２０年頃という）。

そんな国立を僕がはじめて訪ねたのは確か高校生の時代。国分寺の回でもふれたけれど、70年代初めのフォークブームの影響といえる。国分寺を根城に70年代初めにデビューした、忌野清志郎率いるＲＣサクセションの曲に「ぼくの自転車のうしろに乗りなよ」ってのがあった。

　アルバムのなかの1曲だったが、当時の深夜放送では割とよく流れていて、途中に出てくる「坂を下って　国立に行こうよ〜」というフレーズが耳に残った（最近YouTubeでチェックしたところ、正確には「国立に行こうか」と判明！）。ともかく、清志郎が鼻にかかった高い声で歌う「国立に行こうか」に魅かれて、高1くらいの僕は中央線に乗って国立をめざしたのだった。

多摩蘭坂

　そのときは大学通りかその横道あたりにあった「25時」みたいな名の喫茶店（フォーク系の音楽誌の特集に紹介されていたのだ）に入って、帰ってきてしまったのだが、RCの曲のシチュエーションと思しき場所は駅の南東方に存在する。駅を背にして斜め左へ延びる旭通りというのを進んで、多喜窪通りの方へ曲がった先に多摩《たま》蘭《らん》坂という急坂がある。RCの曲に「多摩蘭坂」というのもあるけれど、「ぼくの自転車――」に出てくる坂もおそらくここと思わ

清志郎も歌った「多摩蘭坂」を歩く。上りはきついので自転車を手押しする人も。

れる。坂上が国分寺、坂下が国立の領域だから、「坂を下って国立」の文脈にも一致する。さらにこのRCの曲を糸口にした黒井千次の小説「たまらん坂」によって、この地を知った人もいるかもしれない。

ちなみにこの坂、大正時代の終わりに国立の学園都市を造成するときに出来あがったもので、勾配がきつくて「たまらん」という口語の方が先らしい。つまり、そこに多摩の地名を重ねた〝逆ダジャレ系〟の名前なのだ。

多摩蘭坂からまた駅の方へ引き返す。このルート、「いまわの街道」とか「RC通り」とか名づけてもいいような気もするが、沿道の街灯には西東京（広い意味）でおなじみのFC東京の宣伝旗とともに地元の小学生が書いた習字がスローガンのように掲示されている。「自分に勝つ」なんてストレートなものもあれば、「伏竜鳳雛」なんていう思わず辞書をめくりたくなる漢語もある。近頃の小学生は幅が広い。

大学通りの地グモ

70年代フォークの時代の喫茶店は大方なくなってしまったが、大学通りの「白十字」（どちらかというとケーキ屋）と西友裏の路地にある「ロージナ茶房」は古い。クラシックな洋館仕立ての「ロージナ」は、昭和29年開店というから僕より2つ上、ゴジラの初作が上映された年からやっているのだ。茶房とはいえショーケースにはワインボトルが並び、食事のメニューもあるから、レストランとして使う人も多いのだろう。ウインナコーヒー(こういう店に入ると頼みたくなる)を注文して、店内を見渡すと、壁に絵画が展示され、個展のハガキが柱にいくつも張り出されている。そのうち、いかにもこの店になじんだ感じの中年女性がふらりと入ってきた。ニット帽を被り、サングラスをかけて、ぶかっとしたフォークロア調のファッションに身を包んでいる。席につくなりサングラスをメガネ(老眼鏡かもしれない)に替えて美術誌を読みふけっていたけれど、なれた所作からして御近所さんか、あるいは国立音大あたりで何か教えている先生(いまは附属校だけらしいが)かもしれない。

店を出て、桜並木の大学通りをちょっといくと、右手に広がるのがこの町のもととなった一橋大学だ。昔、講演をしにきたことがあったけれど、改めて構内を眺めると、本館、東本館、兼松講堂……三角屋根のロマネスク様式に統一された建物が美しい。そうか、もとの国立駅舎の格好もこれにならったのかもしれない(と思ったが、国立駅の方が2、3年先の完成なのだ)。

国立の喫茶「ロージナ茶房」。故山口瞳氏も通った名喫茶。

ちなみに、「一橋」の名は、前身の商業学校があった神田の一橋（いまの共立女子大の所）に由来する。それが関東大震災で焼けて、大正末年から昭和初めにかけて郊外の国立へ移ってきたのだ。街路や周囲の住宅街まで含めて、西武の前身ともいえる堤《つつみ》康次郎《やすじろう》の箱根土地がプロデュースした。箱根土地は大泉学園のように学園都市づくりに失敗したケースもけっこうあるが、ここはうまくいった例だろう。

大学通り沿道の店は、吉祥寺や三鷹とはまた違った趣きがある。古めかしいパイプ屋と陶器屋が軒を並べ、一見邸宅のようなアンティーク店、フランス料理屋、薬膳系韓国料理店……と、どことなく軽井沢っぽい。路傍に主婦や学生が4、5人しゃがみ

一橋大学の構内。広々とした敷地に美しい建物が並ぶ。

こんで地面の1点にカメラを向けているので、ナニか？　と思って尋ねたら、なんでも珍しい地グモの巣を発見したらしい。学生はともかく、地グモに食いつくナチュラル志向の主婦がいるのも国立らしい。その向こうに見えてきた階段状の輪郭の巨大マンションは、確か古い地元住民グループと景観問題か何かでもめて、建物の一部をカッティングすることになったのではなかったか……。

谷保の天満宮へ

桐朋学園や都立国立高校のブロックを過ぎると町並はぐっと谷保《やほ》っぽくなる。谷保は南武線の地味な駅だが、従来の町は南武線南方の谷保天満宮の門前から始まったのだ。そう、三浦友和、山口百恵夫妻の住まいも国立の谷保寄りの方と聞いたけれど、思えば三浦は忌野清志郎と高校（日野高校）の同級生で、一緒にバンドをやっていた時期もあるというから、やはりこの辺に土地カンがあるのだろう。

谷保っぽくなった一角に「国立飯店」なんて屋号を掲げたラーメン屋を見つけた。読みはクニタチだろうが、字面的には〝国営のラーメン屋〟みたいで微笑ましい。

谷保駅横の踏切（線路端に〈ヒランヤー瞑想室〉なる奇妙な看板を見たが、在り処はよくわからなかった）を渡ると、甲州街道の向こうに谷保天満宮の入り口がある。多くの神社は階段上に社殿があるものだが、ここは参道を下った低い所に社殿が置かれているのが珍しい。しかし、いまの甲州街道は後から敷かれた道で、そもそも低い裏側に神社の入り口はあったらしい。

ここは菅原道真公ゆかりの天満宮ゆえ、亀戸でもおなじみの座牛像（布多天神でも見た）が置かれ、また当日は1月中頃の受験シーズンということもあって、合格祈願の学生たちが目についた。

裏門（元の表門）を出ると、甲州街道の旧道らしき狭い道の端に小川が流れ、さらに南方へ進んでいくと休耕田や草原が広がる田舎じみた地帯に入る。地図を重ねると、国立府中ＩＣの方にかけて、くねくねした水路がいくつも記された、湧水の豊かな湿地帯ということがわかる。

シロタ株の研究所

そんな草深い低湿地の先に、銀色をした円筒型のＳＦ世界を想像させる建物が見える。あのヤクルトの研究所なのだ。現在の建物は新しいが、研究所の歴史は古い。ひと頃、渡辺謙のヤクルトのＣＭで、盛んに〝シロタ株〟といっていたことがあったけれど、そのシロタ株を発見した代田《しろた》稔博士の代田クロレラ研究所として昭和30年に開設されたのだ。

「金魚ばちの水を換えないで日なたにしばらく放っておくと、その水がいつの間にかほんのりと緑色がかってくる。これがクロレラやそれに似た微細藻の繁茂したものである。（中略）この研究所では培養池でクロレラの培養をするとともに、この食料あるいは飼料としての利用性について研究……」

昭和30年代中頃に書かれた『東京風土図』に初期の頃の解説がある。培養池……の記述から想像すると、湧水が豊かな土壌というのが研究所の立地条件になったのかもしれない。

ヤクルト本社・中央研究所の建物。近未来的でインパクト大。

TACHIKAWA-SHI

立川市

基地跡のイケアで

◆面積／24.36㎢
◆人口／179,575人
◆主要な鉄道駅／
立川駅（JR中央本線）、
玉川上水駅（西武拝島線など）

国分寺、国立ときたら、やはり立川まで行ってしまおう。中央線もこのあたりまで来ると、車窓の前方に秩父山系や丹沢の山稜がかなりくっきりと見えて、郊外気分を実感する。ボックスシートの列車なら弁当を広げてもいい感じになってくる。

立川というと、米軍基地のあるアーミータウンを連想した時代もあったけれど、いまどき立川の駅に降りて、まず目につくのは高架を走る多摩都市モノレールだろう。中央線と交差して、北は多摩湖の手前の上北台、南は多摩センターまで行くこのモノレール、開通したのは2000年代の初めだが、立川駅前のビル群の中を銀にオレンジ帯の車両が通過していく光景は、子供の頃に見たSFドラマの都市をふと思わせる。

昭和天皇の博物館

伊勢丹や高島屋、ビックカメラ、ロフトなどのビルが林立する北口の2階部の広場から、ケヤキ並木が続く北口大通りを見下ろしたショットは、なんとなく仙台あたりにも似ている。東京というより、他県の大都市といった雰囲気なのだ。そんな北口大通りの一角に建つ「フロム中《ちゅう》武《ぶ》」という物件は、かつて中武デパートと呼ばれた立川地場のデパート。中武というのは、武蔵野の真ん中あたりみたいな意味合いだったのだろう。

駅前の散策は後まわしにして、モノレールの立川北駅の下を北西方向に直進していく道を歩いていくと、昭和記念公園の玄関

立川駅前。地方都市の雰囲気を感じさせる雰囲気だ。

（あけぼの口）に突きあたる。立川基地の跡地にできあがった広大な公園、箱根駅伝好きの僕にとっては過酷な予選会の会場として認識されている場所だが、駅から近い所にある「昭和天皇記念館」というのを1度見学しておきたかった。この国営の公園、昭和天皇御在位50年の記念事業として70年代終わりから整備が始まって１９８３年（昭和58年）に開園、記念館がオープンしたのは２００５年（平成17年）のことらしい。

スペースは1フロアだが、館内にはきちんとした身なりの男性係員（もしや、元宮内庁職員か？）がいて、入るなり僕に近づいてきた。平日の午前中ということもあって、客は僕一人。何か文句でも付けられるのか……と思ったら、「初めての御見学でしたら是非ビデオを、10分くらいです」と丁重に勧められた。

5台のモニターを使って、昭和天皇の足跡をまとめたドキュメンタリー映像だが、70年代頃に撮られたインタビューのシーンが懐かしい。「どんなＴＶ番組がお好きですか？」という記者の質問に対して、「放送会社の競争が激しいので、どういう番組かはお答えできません」と返すユーモラスなやりとり、よくおぼえている。おっ！と目を見張るのは、国産初の御料車に採用された日産プリンスロイヤルの展示。残念ながら見学者のカメラ撮影は禁止なので、ご興味のある方はＨＰなどで確認を。そうもう1点。昆虫好きの者としては、天皇が小学6年生の頃に那須の塩原で採集されたという蝶の標本（植物の枝葉がコラージュされている）も目に残った。

イケアへ行こう!

記念館を出ると、公園の向こうにイケアの建物が見える。割合と近いので覗いていこう。イケアの建物のすぐ脇はモノレールの高架線だ。ブルー&イエローのモダンなロゴを掲げた倉庫型の建物とシルバー&オレンジのモノレールを込みにしたショットは、イケアがスウェーデン発ということもあって北欧のニュータウンの景色をイメージさせる。

イケアは昔、横浜の港北の店を覗いたことがあったけれど、入店するのは久しぶり。入り口のおねえさんから買い物袋を手

イケア立川店。モノレールならば高松駅が最寄りだ。

渡されて、にわかに購買意欲が高まってきた。表示された店内地図（チラシもある）を見ると、⑦ベッドルーム、⑧ワードローブ&収納、⑨玄関、⑩キッズ&ベビー……と、順路が直線で描かれているが、実際の通路は小刻みにクネクネと折れ曲がり、そう簡単に先へは行けない。所々に近道も設定されているが、このクネクネ通路は路地裏を散歩しているようでおもしろい。商品が町の建物の役割をしているわけだが、この辺の構造は考えつくされたコンセプトなのだろう。

僕はひとり歩きだが、若いママと思しきグループなんかもいて、「は〜いカズクンママ、ヴァリエラボックスお買い上げ〜」なんて、テレショップ番組のMCの口調をマネたりしながら楽しそうに買い物している。僕もついつい、仕事場の休憩用の枕（¥1699——99の端数もイケアのお約束）を買ってしまった。

さて、ぐるぐると店内を歩いて、レジをすませて出てきた所は、なぁんだ、最初の入り口ではないか。そうか、進路を周回させて長い距離を移動したように思わせるつくりはディズニーランドのアトラクションなんかと同じなのだ。

モノレールが見える町

イケアのちょっと先、モノレールの立飛《たちひ》駅の横には「ららぽーと」がある。空き地には〈立飛ホールディングス〉の看板が立っていて、今後まだまだ新規のメガショップが進出してくるのだろうが、「立飛」と省略されて町名や駅名にまで定着したのが、往年の立川飛行機。戦前の95式1型機などに始まって、軍国日本を支えた飛行機メーカーである。モノレールに乗っていると、まだ名残りの格納庫などは見られるが、いまは不動産が主軸の会社になったのだ。

モノレールの高架下を立川駅の方へ戻っていくと、遊歩道の端に様々なオブジェが飾られている。とりわけ目を引くのは、高島屋の裏手に置かれたアフリカ先住民らしき人々のリアルな人形。コン棒のようなものを手に鮮やかな民族衣装に身を包んだ男たちが、10名余り整列している。

駅前のビル群の狭間にぽつりぽつりと背の低い質屋とか飲食店の横丁が隠れている。駅の北東側の一角、ネットの書きこみで見つけ

モノレール立川駅高架下の遊歩道端のオブジェ。ナイジェリアの首長の正装だという。

立飛ホールディングスの空き地。何が建つのだろうか。

てメモってきた「るもん」という店をようやく見つけた。洞穴のような仕立ての隠れ家風レストラン。ここで日替り定食（牛肉とキノコのソテー）をいただいて、駅の南口、モノレール高架脇のカフェで珈琲を1杯。入り口のショーケースにサラダとケーキがずらりと並んだこの店、さっきイケアで見掛けたようなアラサー、アラフォー見当の女性組の溜り場になっている。目の前の窓際に1組、ヨーロピアンっぽい男女カップルが向かい合っていたけれど、イケア目当てにやってきたスウェーデン人観光客だろうか。

書き忘れたが、昭和記念公園南方の曙町1丁目には、「立川けやき座」という大衆演劇の小屋があり、開演1時間前なのに若い役者の追っかけらしきオバチャンが2人、開《あ》き待ちをしていた。立川もいろいろな人種がいるのだ。この曙町1丁目の界隈は、ヨコモジ看板の古いレストランや横道にラブホテルがあって（1軒きりだが）、微かに米軍歓楽地時代の面影が感じられる。

そして最後に立川南駅からのモノレールで1駅、柴崎体育館まで乗った。このあたり、10年くらい前に1度来たことがあったが、駅のすぐ西側の坂上の一帯に玉石垣と垣根を設えた武蔵野らしいお屋敷が並んでいる。

「柴崎町は、立川市の本村であって、ケヤキ屋敷にかこまれた古い屋敷が数多く見られ、静かな落ちついた住宅地である」と、昭和30年代中頃の『東京風土記』に解説されているが、いまもその景色は保たれている。

玉石垣の坂道の向こうに見える多摩都市モノレール――のショットを狙ってカメラを構えた。

紫崎町の屋敷街の坂上からモノレールを撮影。

日野市

土方地帯と思い出の動物園

- 面積／27.55㎢
- 人口／188,421人
- 主要な鉄道駅／日野駅（JR中央本線）、高幡不動駅（京王線など）

前回立川から乗った多摩都市モノレールで多摩川を渡ると日野市に入る。日野に入って最初の駅が甲州街道、そして次が万願寺《まんがんじ》。将棋を打つ人の間では「王手は日野の万願寺」なんて語呂の良いフレーズがあるというけれど、これは昔の甲州街道が多摩川に差しかかる所に存在した「万願寺渡し」（渡舟場）に由来するらしい。甲州方面から江戸攻めをしようというとき、ここが大詰めの関門、というような意味合い。そんな渡し場は、新しい甲州街道に日野橋が架かる大正末年まで機能していた。

万願寺の土方地帯

万願寺という寺は現存しない（かつて安養寺のそばにあったらしい）が、このあたりはなんといっても土方歳三《ひじかたとしぞう》の史跡で知られている。僕が初めてこの界隈に来たのは、NHK大河で「新選組！」をやっていた頃（2004年）で、当時まだ開通してまもないモノレールの車窓から新選組の衣装をイメージした青い宣伝旗がぽつぽつと見えたのを思い出す。

駅を降りて2、3分の所にある土方歳三資料館は歳三の生家を使ったもので、門柱に「土方」の表札が出ている。しかし、残念ながら本日は休館（限られた土、日しか開いてない）。庭の入り口に置かれた男前の土方胸像（「ザ・ガードマン」に出ていた倉石功に似ている。ちょっと古いか……）を眺めて、モノレール高架線の向こう側（東方）にある土方家ゆかりの寺社を訪ねる。

畑と住宅が混在する石田《いしだ》という地区だが、「土方」の表札が本当に目につく。家並の合間にこんもりと見えるカヤの木立ちは、通称「とうかん森」と呼ばれている。木立ちの奥にぽつんと祠が置かれているが、ここは土方家が管理していたお稲荷さんで、とうかんの名は稲荷を音読みしたトウカ、あるいは土方家の十軒（トウケン）の氏子……と、諸説の由来がある。

そのちょっと先の浅川近くにある石田寺（これはセキデンジと音読み）は土方家の菩提寺。こちらも境内に大きなカヤの木が植わっている。この寺の向かいの家も、古旅館のような趣きのある佇まいなので、気になって表札を見るとここも土方。その先に「Ａｕｔｏ土方」なんて板金塗装の工場もあって、いやはやまさに土方さんだらけの地帯なのだ。

浅川の堤に上がった所で気づいたのだが、石田寺の並びに建つ都立日野高校ってのは、国立市の回でふれた忌野清志郎と三浦友和が通っていた高校ではないか。へー、こんな所にあったのか……これまで時代劇で観た記憶はないけれど、こういう土地の縁でいけば土方歳三の役は三浦友和が演じるべきだろう。

高幡不動と煮干しそば

浅川の堤の向こうに銀色の多摩都市モノレールが見える。モノレールが上を走る新井橋を渡って、高幡不動をめざす。

高幡不動の駅は、大正14年に京王線の前身・玉南《ぎょくなん》電鉄が設置した歴史の古い駅だ。南口から参道商店街が始まって、およそ100メートルで不動の玄関口に行きあたる。丘陵を背にして、不動堂や五重塔がきちんと絵ハガキのように並んでいる。とりわけ、平安様式の赤い五重塔は印象的だ。仁王門をくぐってなかへ進んでいくと、正面が不動堂、その裏方に奥殿、さらに山門の奥に大日堂、他にも

土方歳三資料館。館長の土方愛さんは土方歳三の傍系の子孫（歳三の甥の子孫）。

「Auto土方」の看板。近辺には驚くほど土方姓が多い。

大師堂、聖天堂と様々な堂宇が配置されている。そう、この境内にも土方歳三の銅像が建立されているが、この歳三の顔だちは万願寺の生家のとはまたタイプが違う。

　五重塔の手前あたりから左手の丘陵地へ入っていく山径が口を開けている。高幡城址の横を通って多摩動物公園の方まで続く、かなり古くに設定されたハイキングコース。桜やアジサイなどの草木も植えこまれているようだから、もう少し季節が良くなれば歩いてもいいかもしれない。しかし、地図を見ると、多摩動物公園との間が宅地開発されて、ニュータウンのなかを通りぬけなくてはならないってのはモチベーションが下がる。

　高幡不動の参道にもいくつかの料理屋は

関東三大不動の1つとして知られる高幡不動は日野市きっての観光地。

あったが、モノレール駅近くのコンコースに見掛けた「平子煮干しそば」の品書きを出したラーメン屋がなんとなく気になっていて、ここで昼飯をとる。きりっとした男（土方系ともいえる）が作る煮干し風味のしょうゆラーメンは想像どおりの好みの味だった。

ところで、今回は巡らないが日野市の西部は重工業地帯でもある。まずは、地名がそのまま付いた日野自動車。いまはトラックやバスの大型自動車が中心だが、僕の子供時代はルノー、コンテッサ……タクシーによく使われる乗用車でも知られていた。それからコニカミノルタ、富士電機。前者のある町には「さくら町」、後者には「富士町」と企業由来の町名が付けられている。コニカミノルタ＝さくら、ってのがピンとこない読者ももはやいるかもしれないが、前身のフィルムメーカーは「サクラカラー」（小西六写真工業）で有名だったのだ。

そして、日野自動車と同じく甲州街道に面した中央線の日野駅舎も一見の価値がある。赤いトタン張りの屋根をのせた木造平屋の建物は昭和12年の築。いかにも昔の武蔵野の田舎駅を思わせる。

中央線日野駅舎。昭和12年当時の周辺民家をモデルにしたという。

思い出の多摩動物公園

京王線の高幡不動の隅っこのホームから、多摩動物公園行きの支線が出ている。ライオンやコアラ……動物のイラストがちりばめられた可愛らしい電車、コレに乗って多摩動物公園へ向かった。この支線が開通したのは昭和39年4月というから、僕は小学2年生。低学年の頃に母に連れてきてもらった記憶があるから、開通ホヤホヤの頃にこの線を利用したのかもしれない。

象のオブジェが置かれた正門から入って、まず向かったのは右手の山側に設置された昆虫生態園。えっ、動物園に来て昆虫？と思われるかもしれないが、虫好きにとってここの昆虫園は聖地ともいえる。近年の

多摩動物公園。男女混合の合ハイグループがユキヒョウを眺めている。

熱帯植物園方式とでもいおうか、20度以上に温度管理されたドームのなかに、植物とともに蝶が放し飼いされている。東南アジアや南西諸島の草花のなかを、オオゴマダラがスカーフのようにフワフワと舞い飛び、リュウキュウアサギマダラが青味の強いマダラ模様の翅《はね》を開いて草葉にとまっている。束の間、沖縄の田園にトリップしたような気分を味わって、まだちょっと寒いが園内を散策することにしよう。

広大な園内は、アフリカ園、オーストラリア園、アジア園、と地域分けされて、そこに棲息する動物が配置されている。ライオン、アフリカゾウ、キリン……といった大物が揃ったアフリカ園、コアラが呼びもののオーストラリア園、アジア園の一角に置かれたオランウータンの檻の前にはなぜか〝合格祈願のおみくじ〟が柵に巻かれて掲示されていた。〈オランウータンの験かつぎ　絶対落ちないよ〉。なるほど、枝に器用にぶら下がる習性にあやかったのだ……ムフロンとかヒマラヤタールとか、名と姿が一致しないマニアックな動物もいる。

園内の見物者は、ウィークデーということもあるが、大学生くらいのカップル、小さな子連れのママ、男女4：4の合ハイ（合同ハイキング）グループも目撃した。中高年のオッサンな

多摩動物公園隣接の「京王れーるランド」。古い車両や鉄道模型を展示。

んてのはいないか……と思ったら、本格的なズームレンズのカメラを携帯した、いわゆる動物写真マニアの男がトラやユキヒョウの前に張りついて、ナイスショットを狙っていたりする。

イヌワシやフクロウなどの鳥のスペースが並んだ一角で、クワオン、クワオン……と奇妙な鳴き声が聞こえてきたので、ナンの鳥だろう？　と思って探したら、傍らの木にとまったカラスだった。こういう環境にいると、カラスも緊張して鳴き声を変えるのだろうか？

ところで、小2か小3の頃、初めて多摩動物公園に連れてきてもらったときの目的も動物見物より虫採りだった。夏休みの1日、さっきカラスが鳴いていたような通路端の木枝の高い所にオニヤンマがとまっているのを発見、虫採り網のサオを最大限に伸ばしても届かず、断念したのだ。そのとき園内に「スケーターズワルツ」がゆる〜い感じで流れていたことをなぜか記憶している。

多摩動物公園駅のすぐ横にある「京王れーるランド」の展示室に、そんな子供時代に乗った懐かしい京王電車の車両が飾られていた。

多　摩　市

ウサギ追いし聖蹟の道

◆面積／21.01㎢
◆人口／147,621人
◆主要な鉄道駅／
多摩センター駅（小田急多摩線など）

前回（日野市）、子供の頃に多摩動物公園のあたりでよく昆虫採集をした……なんて話を書いたけれど、当時京王線で途中に通りがかる聖蹟桜ヶ丘（セイセキサクラガオカ）の駅名は印象的だった。似ているのは前半だけだが、ふとセキセイインコを連想したことをおぼえている。

そのセキセイインコっぽい聖蹟桜ヶ丘で途中下車して、駅のすぐ近くの湿地でカエル採りをしたこともあった。すぐ向こうにホームが見えていたような印象もあるのだが、もはやまるで面影はない。昭和40年かそこらの頃だから、再開発前の空き地に水が溜まってできたような場所だったのかもしれない。このあたりは新旧の風景を含めてスタジオジブリのアニメ（「平成狸合戦ぽんぽこ」や「耳をすませば」など）の舞台によく描かれているが、今回はそういう〝聖地巡礼〟をするわけではない。まずは駅名のもとでもある「旧多摩聖蹟記念館」を目当てに歩いていこう。

聖ヶ丘の人々

多摩川の向こう岸の、感覚的には南口のイメージの東口の方へ出て、ドライブイン型の「星乃珈琲」なんかも見える広々とした川崎街道を東進、鎌倉街道の交差点でちょいと手前を並走する旧鎌倉街道へ入る。これが昔の多摩村時代からのメインストリート、片道1車線の道だが、けっこう路線バスも走っている。

大栗川に架かる大栗橋を渡ると、右方に丘の木立ちがちらほらと見え始め、往年の多摩らしくなってくる。2月下旬という季節柄、農家の庭に白梅や紅梅が花を咲かせている。沿道に「小山商店」という立派なつくりの酒屋が目にとまったが、後で立ち寄ったパルテノン多摩の歴史展示によると、大正時代から続く古い酒屋のようだ。

門前に「霞ノ関南木戸柵跡」(鎌倉時代の関所)の謂れ書きが置かれた熊野神社に立ち寄って、境内からあたりの景色を一望、宅地の向こうの丘にあるはずの旧多摩聖蹟記念館をめざす。聖蹟にちなんだ聖ヶ丘の町の界隈には、小田急の新百合や東急のたまプラーザにもよくある、キンツマ趣味の瀟洒な住宅が並んでいる。アバウトに地図を頭に入れて出てきたら、途中で進路があやふやになった。ウォーキングをする中高年の男、さらに小さな子連れのママさんにも記念館の場所を尋ねたが、いずれも返答がはっきりしない。いまどきの住民は、町のもとになったこの史跡にさほど関心がないのかもしれない。

「聖蹟」の歴史

桜ヶ丘公園の領域に入って、なかなかヘビーな山道を登っていくと、林間にようやく記念館の建物が姿を現わした。この山は大松山と呼ばれ、記念館の建つ頂上付近は標高160メートルほどあるらしい。

周囲にヨーロッパ神殿調の円柱が並ぶ、薄黄色の洋館は昭和5年に建築された。なぜ、こんな多摩の山の上に〝聖蹟〟という天皇にちなんだキーワードを掲げた物件が存在するのか……というと、その発端は明治天皇の行幸を兼ねた狩猟なのだった。

明治14年2月、八王子の御殿峠周辺で狩りを楽しんだ天皇御一行は、帰りがけに連光寺と呼ばれたこのあたりでも狩りをしよう、という話になった。

「向ノ岡をはじめ、榎田山、山ノ越、天井返の各狩場で兎狩が行われ、兎6羽の収穫がありました。この狩猟には、連光寺村だけでなく、周辺の関戸・貝取などの各村から150名以上の勢子《せこ》が集められました」

と、記念館で入手した資料に記述されている。収穫はウサギ6羽ばかりだったものの、天皇はこの地をたいそう気に入られて、3度、4度とここをリピートされた（その後は大正天皇に引き継がれた）。

狩猟目当ての行幸とはいえ、明治天皇ゆかりの史跡を郊外にも置きたい、と考えていた時の宮内大臣・田中光顕《みつあき》の発案によって、シンボライズされた建物が築かれることになった。館内の展示物のなかでとりわけ目を引くのは、センターにドカンと飾られた明治天皇の騎馬像。手掛けたのは、日本橋の麒麟像や戦前の万世橋駅前のシンボル・広瀬中佐像で知られる屈指の彫刻家・渡辺長男《おさお》。

渡辺長男作・明治天皇の等身騎馬像。明治天皇が30歳の頃の姿だという。

いまも野ウサギの1羽、2羽くらいは出そうな、里山の木々や草地が保存された公園内をぬけて、かなり足も疲れたのでバスに乗って京王永山へ。駅南方の諏訪団地や永山団地は70年代に誕生した多摩ニュータウンのなかでも、早々に建設された地区。少しあたりを歩いてみたが、公園には若いママグループよりもお年寄りの姿が目につく。70年代型の団地棟が並ぶ人気《ひとけ》の乏しい通りを歩いていたら、宇宙人や妖怪の仕業で団地の住人が姿を消してしまうような……「ウルトラ」シリーズの1シーンが思い浮かんできた。京王線（並走する小田急線でもいいが）に1駅乗って、現在の多摩市の中心といっていい多摩センターへ移動する。

ピューロランドとクリスタル

パルテノン多摩へ向かう南口に出ると、いつもふと大阪万博会場の景色を思い出す。中央に広いプロムナードが敷かれ、両側に並ぶのはパビリオンならぬ各種ショッピングビルだが、一見してテーマパークっぽいのである。

交差点の真ん中に、この季節、キティちゃんのひな人形が飾られていたが、そこを左折すると正面に「サンリオピューロランド」が建っている。娘がちっちゃい頃に1、2度やってきたが、思えばもう4半世紀前の話だ。そこで、連鎖的に思い出したのだが、同じ頃に多摩センターにあった「多摩クリスタル」って風俗店（ファッションヘルス）はどうしただろうか……。発祥は確か80年代の後半、クリスタルのネームはおそらく田中康夫の「なんとなく、クリスタル」のイメージと思われる。尤も、僕に入店の経験はなく、店の場所自体よく知らないのだが、当時周辺の街道に〈いま多摩がおもしろい。日の出から営業中〉なんていう、ポジティブなコピーを付けた大きな看板が掲げられていた。

ピューロランドの並びには「極楽湯」という大江戸温泉物語風の物件が誕生、クリスタルは当日見つからなかったが、後で検索してみたら、この「極楽湯」の道向こうの白山神社の裏方あたりにいまも健在であることを知った。キティちゃんの国のすぐ

サンリオピューロランドのエントランス。開業は1990年、当時の社長がディズニー映画「ファンタジア」を観て感銘を受けたのが構想のきっかけだとか。

そばにこういう物件が共存しているというのはなかなか奥が深い（ここのお客もそのまま高齢化しているのかもしれない）。

白山神社の西隣り、多摩センター駅から南進してきた突きあたりに控えるのがパルテノン多摩。多摩中央公園という一帯のランドマークのように置かれた、この大それた名の施設、シンポジウムに演劇、クラシックコンサート……各種イベントが繰り広げられているようだが、もう一つコンセプトがはっきりしない。バブルの頃に造られたんだろうなぁ……と思ったら、やはり開館はその真っ只中の1987年。そう、調べてみたら多摩クリスタルの開店も同じ年だった。

ぼんやりとした文化施設ながら、多摩の歴史展示のスペースは無料にしては見どころがある。ニュータウンの開発前後の変貌を記録した写真などは、僕のような近過去歴史のマニアには興味深い。そして、地域独特の生活風習。周辺の丘に繁る篠竹を削って作る、メカイ（目籠）と呼ばれるザルがこのあたりの特産品だった、なんてことを初めて知った。

健在だった「多摩クリスタル」。開店は朝6時。

旧富澤家住宅

さて、このパルテノン多摩の裏手、公園の一角に「旧富澤家住宅」という古家が保存されている。こういう古民家展示はいまやどこにもあるものだが、この富澤家は今回の散歩においては見ておきたい。明治天皇が件の兎狩り行幸に訪れた折、御小休所として使われた家なのだ。

富澤家の先祖は今川義元の家臣を務めていたが、桶狭間の戦で敗れた後にこの地に逃れて土着した。年表を見ると、江戸幕末の頃は近藤勇や土方歳三とも交流があった家らしい。薬医門があって、入母屋造りの、玄関を突き出した趣きのある主屋が建っている。18世紀後半の築とされる建物、もとの場所が気になるけれど、歩き始めに見た小山商店の裏手、かつて天皇が通った行幸《みゆき》橋の橋詰あたりに昭和年代まで建っていたようだ。

「旧富澤家住宅」の主屋。内部も一部をのぞき見学が可能だ。

INAGI-SHI

稲　城　市

県境のよみうり山脈

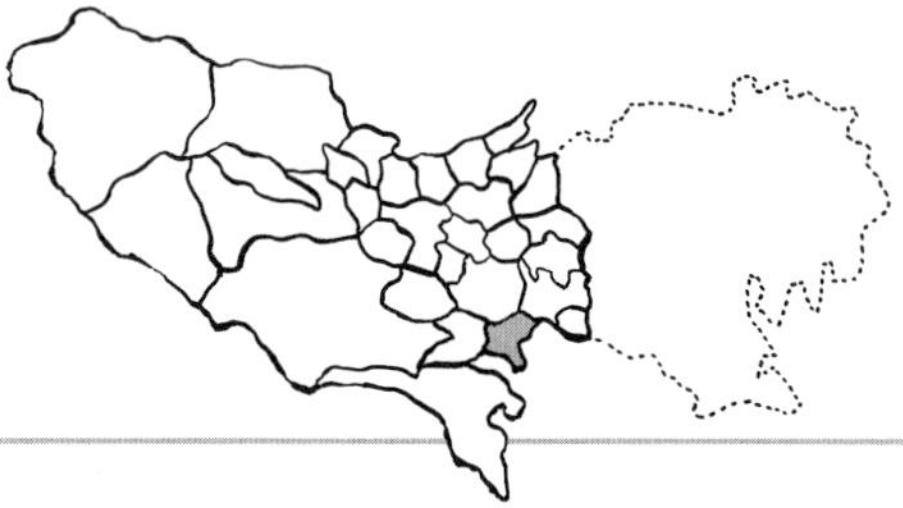

◆面積／17.97㎢
◆人口／90,459人
◆主要な鉄道駅／
稲城駅（京王相模原線）、
稲城長沼駅（JR南武線）

日野市↓多摩市とこの数回は都心の方へ戻る動きになっているけれど、もう1つ、稲城市というのがある。東京の市町村部で〝山手線ゲーム〟をしようなんてとき、かなり忘れられがちの市と思われる。もしや〝川崎市〟と思いこんでいる人もいるかもしれない。町から市に昇格したのも割と新しい1971年のことだ。

この市で最も有名なスポットといえば、「よみうりランド」だろう。ただし、京王よみうりランドの駅は稲城市内なのだが、ランド本体の大方は川崎市多摩区(これも東京の多摩市と紛らわしい)の領域なのだ。ともかく、京王相模原線に乗って、京王よみうりランドから散歩をスタートすることにしよう。

巨人への道

駅前は春休みの中高生たちで混み合っていた。園の入り口までゴンドラ（スカイシャトル）でアプローチしようと思ったら、ちょっとした人気アトラクションほどに行列が生じている。このゴンドラ、眺めが良くて好きなのだが、すぐ傍らに〈巨人への道〉と名づけられた階段道が設けられているではないか。厳しい階段のルートを「巨人の星」の特訓にたとえるセンスはなかなかシャレている。ゴンドラに並ぶ若者たちを横目に、ひとり〈巨人への道〉の階段を上り始めた。

ちょっと行ってふり返ると、何人かの若いもんの姿も見受けられる。おや、あの赤いスカジャンと黒ジャンパーの男子2人組は、駅前に溜まっていた男女混合グループのメンバーではなかったか？2人はグループ内の女子2人組を、気のない振りを装いつつ意識しているような感じだったから、ゴンドラを待つ女子たちをわざと置いてきぼりにして、こちらの階段道を選んだような気もする。「いやぁ、しんどかったぜ、巨人への道は」なんてネタを上に行ってから語りつつ、さりげなくワイルドに笑ってみせるのだろう。

〈巨人への道〉を上った先には読売ジャイアンツの練習場がある。

階段の途中の手すりに手袋が置き捨てられていたりするのが興味をそそる。階段は総計283段、巨人への道というくらいに、上り切った所には巨人軍の練習場があった。地図を眺めると、ここもよみうりランドの敷地内のようだが、東京都（稲城市）と神奈川県（川崎市）の境界線が走り、小さな飛び地が入りこんでいたりする。2002年、この巨人軍の室内練習場で盗難が発生、侵入された窓が川崎市、物品（グラブ）が盗まれたロッカールームが稲城市の領域だったことから警視庁と神奈川県警が出動してゴタゴタした……なんて話が今尾恵介さんの『日本地図のたのしみ』（ちくま文庫）に書かれている。

詳細地図と照らし合わせながらランドの

京王よみうりランド駅から園の入り口を結ぶ「スカイシャトル」。春には空から花見もできる。

ゲートの方へ向かって歩いていくと、向こうに見える絶叫コースター・バンデットは川崎、手前の慶友病院は稲城、その向こうの大観覧車は川崎……といった具合に境界は込みいっている。

よみうりランドはもう何度も入っているので、今回は外から眺めるだけでいいだろう。ちなみに、よみうりランドの西方には「よみうりゴルフ倶楽部」、さらに「東京よみうりカントリークラブ」とゴルフ場が続いているが、この辺は読売グループの伝説の大将・正力松太郎が戦後早々に一帯の山を買い取って、東京オリンピックの頃にオープンさせたレジャー施設群なのだ。そう、70年代くらいの日テレドラマで大活躍していた生田スタジオもよみうりランドの脇に存在する。

弁天洞窟とは？

立派な日本屋敷の佇まいを見せた温浴施設「丘の湯」の角の所から、駅の方へ下る坂に入った。坂を下ったあたりに弁天洞窟というのがあったはずだ。以前車でやってきたときに「弁天洞窟」の看板を何度も見掛けて、いつか訪ねてみたいと思っていたが、看板は見当たらない。ヘアピン状に屈曲した坂を下っていくと、ひと頃までなかった眺望をウリモノにしたようなマンションが建ち、アートなカフェがあり、名産の梨畑も見えたが、宅地開発や新道工事の告知板が所々に出ているから、この辺の景色は今後さらにがらりと変貌するのだろう。ようやく、弁天洞窟のバス停を見つけた。すぐ横の威光寺って寺の境内に存在するようだが、入っていくと〈閉鎖〉の告知が出ていた。奥の崖地の横穴に大黒天や毘沙門天、大蛇のレリーフ……なんかが配置され、一時期は新東京百景に指定されていたというが、老朽化して危なっかしくなったのだろう。すれ違った寺の人に尋ねたが、無言で立ち去っていってしまった。目の前の弁天洞窟のバス停ももうすぐ名前が変わってしまうのかもしれない。

京王よみうりランドから京王線に乗って、1つ先の稲城へ。見晴らしの良い駅のカフェで珈琲を飲みながら一服していると、目の前の席のイナギマダムがスマホをせわしなく指先でなぞりつつ、オカズパンをパクついていた。

すぐ横のバス乗り場から柿生（駅北口）行きのバスに乗車、これは鶴川街道をずっと走っていく、かなり古くからの路線なのだ。

前方に一瞬、高架線を走るタンク車の列が見えたので、おや？　京王線に本格的な貨物列車なんか走るのか……と思ったら、そうか、鶴川街道を横断しているのは南武線の武蔵中原の先から地下を延々と走ってくるJRの武蔵野貨物線なのだ。外に出る短い区間で貨物車が見られるとは、相当運がいい方ではないだろうか（惜しくも写真は撮り逃した）。

ニュータウンの於部屋

この架線下をくぐると、道は狭まり、梅畑の向こうに山が迫り、一段と田舎じみてくる。バスは横道の奥の駒沢学園（女子校が主体だが、こんな所にあったのか）に寄り道してまた街道に戻り、この辺の古集落「坂浜」バス停を過ぎると、「県境」なんて停留所がある。地図で見ると神奈川との県境まではけっこう離れているのに。そして、その次の停留所がまた珍しい。「於部屋」と書いてオヘヤ。

オヘヤ……と車内に流れる女声ナレーションを聞くと、なんとなく妙な気分になる。於部屋とは、御部屋の綴りで辞書にも載っているが〝貴人の妾〟の居場所を意味するらしい。この辺は、富永氏という戦国時代の豪族の御部屋（の住み処）が存在したという説がある。

県境や於部屋で降りて、京王線が走る山の方へ歩いていくと、昔の里山風景が辛うじて残っているけれど、もうちょっと先の平尾のあたりまでは新百合の方から広がってきたニュータウンに侵食されている。

「於部屋」バス停。淫靡な雰囲気をまとった名前だ。

稲城市は梨が名物だ。そこかしこに梨園を見かける。

さて、於部屋のバス停のちょい先には、もう若葉台のスマートなマンション群が垣間見える。いまどきの〝豪族〟は、こういうオヘヤに愛人を囲うのかもしれない。

若葉台入口の信号の所から右手のニュータウンへ入っていくと、セラピー動物病院なんていうのがあり、その先の角には〈PC DEPOT〉なんてヨコモジ看板を掲げたパソコンのメンテナンスを施すスポットがあり、導入部からして、新しい街の雰囲気が伝わってきた。

若葉台周辺には21世紀型のマンションが建ち並ぶ。

若葉台のホタル

若葉台に来ると思い出すのは、90年代初めの夏。僕は当時「クォーク」という自然科学系の雑誌で東京周辺の昆虫や野鳥をウォッチングする連載をやっていた。京王線の若葉台からすぐ近くの小田急線の黒川のあたりにかけて、当時ホタルの生息する田んぼが残っていて、その観察にやってきたのだ。いや、もう1つの目的は、その谷戸田の一帯がまもなく宅地開発で潰されるというので、ホタルを見物してから自然愛好家のメンバーと一緒に網でホタルを採集して、田んぼが保存されるという京王線と小田急線の間の線路端のような一角に放したのだ（地図で確認すると、いま「黒川谷ツ公園」になっている所だろう）。

ゲンジとヘイケ（ホタル）が200匹くらい……と、当時の文章に記されているからけっこうな数だ。にぎやかな光の乱舞が目の底に焼きついている。

駅に向かって歩いていたら、高台のマンションの敷地の崖際にイスを置いて、長いズームのカメラを構える初老の男がいた。焦点の方向には開発前の丘陵地が見える。消えゆく里山の景色を記録する古い住人かもしれない。

MACHIDA-SHI

町　田　市

民権の森の神学校

◆面積／71.80㎢
◆人口／433,920人
◆主要な鉄道駅／
町田駅（小田急小田原線など）、
つくし野駅（東急田園都市線）

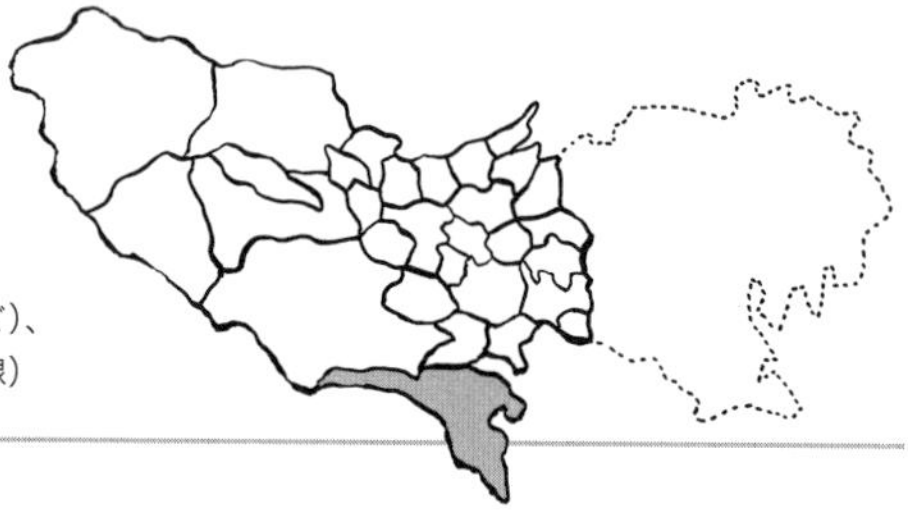

前回の終点・若葉台（稲城市）から川崎市の黒川地区を挟んだすぐ向こうは町田市。そもそも多摩全般が明治の中頃まで神奈川県に所属していたようだが、下に大きく突き出したこの町田だけは神奈川に移籍した方がスッキリするなあ……と地図を眺めるたびに思う。尤も、このノドチンコ状の出っ張り感こそ町田のアイデンティティともいえる。

鶴川文化センター

広い町田は東方の鶴川からアプローチすることにしよう。小田急の駅を降りて、バスターミナルのある北口へ出よう、と思っていたら、ホームの南方に〈鶴川文化センター〉と素朴な看板を出した渋い建物が垣間見えた。なんというか、昭和20

年代くらいの田舎の公民館を思わせるような木造の2階屋で、横から見るとけっこう奥行きがある。

これは間近で眺めたい。と、寂しい南口の改札を出て、小川を渡って玉石垣が続く湾曲した路地を回りこむように進んでいくと、建物の玄関先に着いた。こちらの玄関にも鶴川文化センターの表示があるが、何かの事務所らしき表札も出ているから、いまも文化センター的な役割を果たしているのかどうか、よくわからない。ま、こういう物件はあまり調べすぎてもおもしろくないので、そっとしておこう。

「能ヶ谷の灸」の屋敷

北口に出て、今回移動に使うバスに乗る前に見ておきたい場所がある。鶴川街道の向こうにこんもりとした木立ちを見せるお屋敷。地図に「香山園《かごやまえん》」と表示された庭園、残念ながら現在閉園中なのだが、ここはかつて〃灸院〃として知られていた。小田急沿線や多摩

鶴川文化センター。昔の公民館や村役場を思わせる。

「神蔵宗家」の碑。神蔵は鶴川周辺に多い姓とされる。

地域を描いた昭和前期の観光絵地図なんかを見ると、だいたい鶴川の脇に〝能ヶ谷の灸〟と記されていたりする。

屋敷の門前に〝神蔵宗家〟と刻んだ石碑が立っているが、この神蔵《かみくら》という家に鍼灸の名人がいたらしい。坂を上って裏の方へ回りこんでみると、鬱蒼とした竹林が奥の山へ続いている。そう、この屋敷の角で北に折れる鶴川街道をちょっと行ったあたりに、白洲次郎と正子の夫妻が暮らした武相荘《ぶあいそう》がある。前に見学したときに眺めた、TシャツとGパンでジェームズ・ディーン調にキメた若き白洲次郎のポートレートが印象に残っている。

農村伝道神学校

北口の0番乗り場から出る野津田車庫行きのバスに乗車、芝溝街道に入ると、川島入口、綾部入口、田中入口、とこの路線は〝入口名義〟のバス停が多い。上に付く川島や綾部は、昔の田園集落の名称だろう。田中入口の次が終点・野津田車庫。小山を背景に黄土色の神奈中バスがずらりと停まっている。

その南方の小山は〝民権の森〟と名付けられているが、町田は明治の自由民権運動が盛んな地域だったのだ。急勾配の坂道を上って民権の森へ足を運ぶと、入り口に美しい「ぼたん園」

上：民権の森のぼたん園。取材をした４月はまさに見頃の季節だった。
下：かつての鎌倉街道。往年の武蔵野の雰囲気を残している。

が設けられている。ちょうど花の盛りの季節、赤いボタンの花を眺めながら歩いていたら、〈自由民権の碑〉というのが立っていた。傍らの謂れ書きを読むと、ここに三多摩民権運動を指揮した石阪昌孝《いしざかまさたか》の家があり、娘の美那子と北村透谷はそこで出会って結婚したのだという。明治時代の話だから、本当にまわりは山ばかりの頃だろう。目の前の開けた坂上に立つと、丘の斜面の畑の向こうに三角屋根の洋館なんぞが見えて、文化的な田園ムードが感じられる。

神奈中バスの車庫の向かい側を北方へ行くと、広大な野津田公園の緑地帯に入る。鎌倉街道の古道の趣きを残す小径を左方へくねくねと進んでいくと、ヤブのなかに薄気味の悪い目元の写真を載せた〈不法投棄禁止〉の看板が出現、その先に〈学校用地につき関係者以外立入り禁止 農村伝道神学校〉の立て看板を見つけた。

この農村伝道神学校という施設、随分前に地図で発見して以来、気になっていたのだ。神学校はよくあるけれど、「農村伝道」というのが興味をそそる。表示されていない地図もあるので、なんとなく隠蔽された組織をイメージしていたら、〈立入り禁止〉の看板のちょっと先にきれいな校舎があって、すんなりと玄関受付まで入ることができた。

「農村伝道神学校は農村・地方教会に仕える伝道者の養成を目指しています」

「創設者アルフレッド・ラッセル・ストーン宣教師は１９２７年、日本への宣教の使命を受け来日し、１９５４年に洞爺丸の沈没により52歳で亡くなられるまで27年間宣教師として働きました」

自由にもらえるパンフレットに書かれている。ここに学校ができたのは終戦後のことのようだが、まだ町田が充分〝農村〟の時代である。

「戦争責任を明確にし、神学教育を沖縄、アジアの人々と教会との対話のなかで推し進めていきます」

と、社会思想的なテーゼも掲げられている。石阪昌孝もキリスト教信者だったし、その後継者・村野常右衛門の生家跡もこのすぐ奥にあるというから、自由民権運動の土壌が関係している施設なのかもしれない。

ちなみに受付のパンフのなかには〈農伝グッズリスト〉と銘打って、周囲の竹林の竹で作ったコップやら携帯ストラップやらを紹介するくだけたページもある。

出際、どことなく蔭のある美しい女性とすれ違った。瞬間、松本清張ミステリーのキリスト教施設に出入りするナゾの女……の姿を連想した。

森のなかの神学校、というだけでどことなくミステリアスな興味をそそられる。

山田うどんが見える

神学校を過ぎて町田の丘学園（特別支援学校）、都立野津田高校の脇を歩いていたら、フェンスにサッカーJ2リーグ・FC町田ゼルビアのポスターが張り出されていた。そうか、すぐ向こうに見える陸上競技場が彼らのホームグラウンドなのだ。

表通りの坂をとろとろ下っていくと、小野神社の先のT字路が小野路宿の入り口。最近は観光案内施設が置かれ、歩道も整備されたが、ここから2、300メートル、趣きのある黒塀などを残した昔の屋敷が並んでいる。鎌倉街道ぞいに置かれた山間宿場の名残りだ。

観光施設（往時の旅籠）の向かい側に表札を出した「小島資料館」は、室町時代の応永2年（1395年）からこの地に居住する小島家が開いた資料館で、江戸幕末の先代と関係が深かった土方歳三や近藤勇ら新選組の資料展示（ドクロ絵の入った稽古着など）が充実している。

しかし、こうやってみると、自由民権運動や農村伝道神学校の源流に多摩発祥の新選組の存在が想像される。能ヶ谷の灸、白洲夫妻の武相荘、果てはあの鶴川文化センターというのも、そういう文化的郊外の土地の流れをくむものなのかもしれない。

小野路は鎌倉時代の古道が残る小野神社裏の山歩きもおもしろいのだが、その辺は近著『東京いい道、しぶい道』（中公新書ラクレ）でたっぷり記述したので、ここでは先を急ぐ。

さらに西の図師《ずし》の方へ移動しようと思ったのだが、この辺のバスはもとの鶴川や多摩センターの方へ行く路線しかないようだ。すでに1万歩余り歩いているし、腹も減ってきたので、やってきたタクシーを停めた。並木の交差点から道幅が広がった芝溝街道に入ると、おー、いろいろなファミレスが点在している。昼メシはファミレスでもいいか……と思っていると、図師大橋の先で黄色い回転看板が視界に入った。

カカシのマークがぐるぐると回るアレは、山田うどん！　へー、埼玉のシンボルがこんな所にもあったのか……。

「運転手さん、そこで」

山田うどん町田図師店の前で、僕はタクシーを降りた。

芝溝街道に見つけた山田うどん町田図師店でランチを取ることにした。メニューを見ると、ここの定食はだいたい丼にうどんが付いたボリューミーなものが主流なのだ。僕はシニア世代らしく、野菜うどんの単品にしたけれど、あちらこちらに張り紙のある「パンチ」の名を掲げたもつ煮込み定食が最後まで気になった。

ところで山田うどん、地場の埼玉ならともかく東京では珍しい、と思って入ったわけだが、帰ってからネットで調べたところ、立川

町田にもあった！　埼玉名物、山田うどん。

や八王子、東久留米……東京も多摩地区にはぽつぽつ出店しているようだ（23区内にも大田区西蒲田に1軒ある）。とくにこういう視界の開けた郊外の広い新道は、ぐるぐると回るカカシの広告塔が映えるロケーションともいえる。

町田バスセンター

図師の奥、豪族・小山田氏に由来する小山田地区の一帯も、のどかな谷戸田がよく残る好みの地域なのだが、そろそろ南方の町田市街に向かって移動したい。図師大橋のバス停で町田バスセンター行きに乗車。ちなみにこの図師大橋、鶴見川に渡された橋なのだが、上流ゆえ川幅はけっこう細く、大橋ってほどのもんではない。

町田街道を南下していくこのバス、途中通りがかる木曽町や山崎町の一帯は、1960年代後半、市内でも早くにマンモス団地ができあがった地区だ。三家《さんや》なんて田舎っぽいバス停もあるけれど、車窓に田畑はまるで見えない。

終点の町田バスセンターとは、駅前に設けられたバスターミナル

東急ハンズと109（東急系列）。町田はJRと小田急の駅だが、百貨店では東急も参戦。

のことだが、「バスセンター」と付けるのは地方都市っぽい。そして、センターというほどに80系統に及ぶ、多くの路線バスが出入りしている（一部はバスセンター以外の乗り場だが）。

　このバスセンターの傍らから歩道橋や小田急線下の薄暗いガードをくぐりぬけると、右手はJR横浜線の町田駅とルミネなどの駅ビル、左手に東急ツインズ、東急ハンズ……主に東急系のショッピングビルが林立している。闇雲に写真を撮ってきたが、ルミネのビルにはユナイテッドアローズ、ビームス、シップスのアンテナショップ御三家、東急のビルにはニトリ、ＡＢＣマート、さらにその先にドン・キホーテ……と、ほぼ渋谷や新宿のおなじみさんが出揃っている。

　ドンキの先に大和横丁という飲食店の小路、その向こうに仲見世飲食街という昔のマーケット風の筋が残っていたが、この辺は往年の原町田《はらまちだ》駅時代からの繁華街かもしれない。

　原町田――いまもその名は町名に使われているけれど、１９７０年代までは横浜線の駅が原町田、小田急線の方は新原町田といって、２つの駅はいまよりずっと離れていたのだ。

町田仲見世商店街の入口。レトロな店がひしめき、アメ横のようだ。

熟女と塾のストリート

平日の昼過ぎ、仲見世飲食街はタイ料理屋を除いてほとんどシャッターを閉ざしていたが、これをぬけると路面にタイル張りを施したプロムナード調の通りに出る。〈創業昭和八年〉と側壁に記した和菓子の中野屋（カフェもやっているらしい）、蔵造りのこれも菓子屋（材料店）の富澤商店（こちらは大正八年創業）といった老舗が点在しているこの道は旧街道で、109（当時・現在はレミィ町田にリニューアル）の交差点から斜め右手に枝分れしていく方（鶴川街道に続く）に入っていくと、何やらこのあたり、妙に〝熟女パブ〟の看板が目につく。町田は熟女好きが集《つど》う町なのか？　あるいは南部つくし野あたりの暇をもてあました有閑マダムがこの辺のパブでこっそり……なんてあらぬ想像も浮かぶ。心配をしていたら、歓楽街はやがて途切れて、東進ハイスクールや四谷大塚、小田急線踏切の向こうに河合塾、と熟女に代わって進学塾が目につくようになってきた。相模大野育ちの担当編集者・S女史も大学受験でこの辺の塾に通ったというが、町田はニュータウンや大学キャンパスが周辺に続々と誕生した80年代以降、進学塾激戦区としても知

熟女パブがひしめく歓楽街の横には、進学塾激戦区がある。

られる町になった。

玉川学園のプロデューサー

町田の学校というと、今回のコースからは外れてしまったが、鶴川と町田の間に玉川学園がある。この学校の創立は昭和4年、同時に小田急の駅も開設された。これは学園側にいた実質的な権力者・小原國芳《おばらくによし》という人物の力が大きい。小原はそもそも成城学園を世田谷に開いた敏腕教諭（もとの小学校は新宿の牛込原町、現在の成城中・高校の所にあった）で、父兄から集めた寄附金を元手に土地を買い、学園とともに住宅地を開発、駅を誘致し、さらに分譲販売で得た金を学園経営にまわす……という、不動産屋もびっくりの手法で成城学園のプロデュースを成功させ、その第2弾として手掛けたのがこの玉川学園だった。

いまも小田急の車窓越しに、郊外ののどかなキャンパス風景が垣間見える。成城学園と同じく、成功した芸能人の子弟やお坊っちゃん、お嬢ちゃん風の学生が多い。郊外ムードがウリの学園らしく、敷地内の田んぼを使った農業実習の話は昔から有名だ。

さて、町田市街からまたバスに乗って、南部の東急田園都市線の町に立ち寄ってみたいと思う。バスセンターで案内図を見ると、なるほど、つくし野、すずかけ台、南町田といった田園都市線方面へ行くバスは、同じ東急系の東急ツインズの脇から出るのだ。

ところで、どこかで書こうと思っていたのだが、多摩地区で路線バスに乗るとき、区部の人間はちょっと戸惑う。区内は都バスも私バスも前乗りが常識だが、こちらは後ろのドアから乗るのが主流。尤も、多くの地方がこっちのやり方なのだが、パスモを使う場合、乗車時と降車時、後ろと前のドア口で2度もパスモをピッとやらなくてはならない。都心のバスは乗るときに1度ピッとやるだけだから、なんとなくダブッてカネを取られているような気分になる（まぁ電車の乗り降りのときと同じ、と考えればいいのだろうけど）。

キンツマの街はいま……

僕が乗った南町田駅行きのバスは、上流でも通った町田街道を南下していく。横浜線の成瀬から金森というこのあたりが宅地開発されたのは、せいぜい70年代。やや先行して、田園都市線のつくし野駅周辺が開発された。小・中学生の頃に熱を上げて集めていた鉄道の記念乗車券のストックブックの中に〈田園都市線　長津田・つくし野間開通〉というのがあって、1968・4・1と日付が記されている。裏面に入った東急不動産の広告が興味深い。

「新駅誕生！　渋谷へ50分　横浜へ35分の　新しい街——つくし野

駅前にショッピングセンター　東光ストア　内科・外科医院がすでに開業
あすの豊かな　コミュニティのためのホール　スポーツクラブ堂々完成！」
東光ストア（現・東急ストア）ってのが時代だが、券にはできたてホヤホヤの住宅群の写真が誇らしげに添えられている。つくし野は誕生から約15年後、大ヒットしたTBSドラマ「金曜日の妻たちへ」（キンツマ）のパート3（大ヒットした小林明子の「恋におちて」が主題歌となったシーズン）のロケ地に使われて、一段とポピュラーになった。

バスの終点・南町田は76年に駅が開設された、つくし野よりちょっと後輩の新興住宅地。ここは町田市のケープタウン的な南端で、駅のちょっと先を246が走っている。鉄道的にも街道的にも渋谷から続く東急風土の地といっていいだろう。そして、南口には2000年代初頭「グランベリーモール」という広大なアウトレットモールがオープンした。

手元にあるごく最近の地図にも、コムサイズム、フランフラン、モンベル、ギャップなどのブランド店、さらに109シネマズ……といった物件が敷地内に表示されている。ここを最後に散策してやろう、と行ってみると（実はいまどき予めネット情報で知ってはいたが）一帯は閉鎖されていた。駅脇の東急ストアも含めて大々的に再開発されるらしい。

将来の姿はともかく、フェンス越しに廃屋化したグランベリーモールを眺めていたら、消費欲バリバリのキンツマ時代の終焉を感じた。

HACHIOJI-SHI

八王子市

織物の町でエスプレッソソーダ

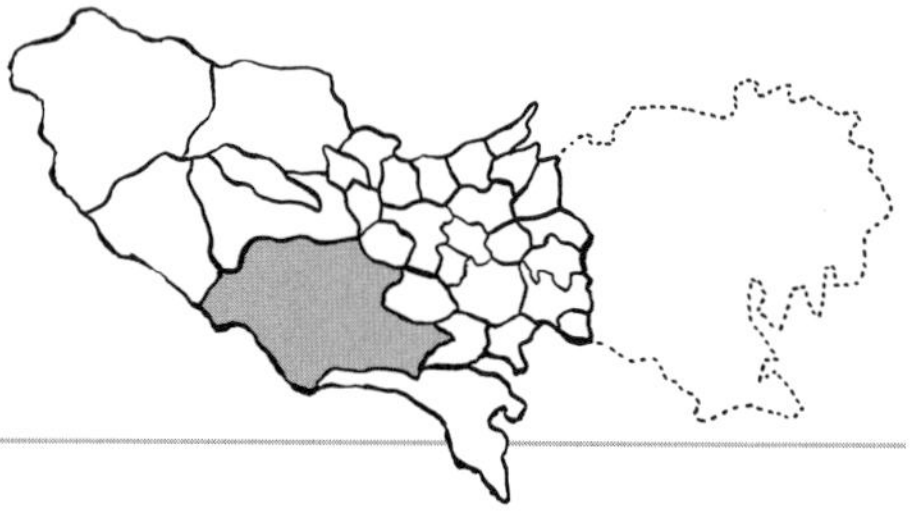

◆面積／186.38㎢
◆人口／576,768人
◆主要な鉄道駅／
八王子駅（JR中央本線）、
高尾駅（JR中央本線）

僕が子供の頃の八王子は、機織《はたおり》業の町として知られていた。愛読する昭和30年代頃の東京の案内書や写真集を開くと、八王子の駅前広場に〝織物の八王子〟と刻んだロウソク型の塔が立っている景色がよく紹介されている。織物の主材料は絹であり、町の周辺にはその素材となるカイコを飼う養蚕農家とカイコの主食である桑の畑が広がっていた。

八王子市はともかく広い規模（約186・38km^2は都内最小・狛江市のおよそ30倍）だから、とても1回では書ききれない（かといって30回続けるわけにもいかない）が、まずは中央線でアプローチ、駅の北口に出た。〝織物の八王子〟の広告塔が立っていたのも表玄関のこちら側だが、もはやそんなのどかなシンボルはなく、立川と同じように2階部に大きな広場が設けられている。この景色、気象好きの僕になんとなくなじみがあるのは、東京に雪予報が出たときなんかに、雪になる確率の高いこの八王子駅前からしばしばリポーターや気象予報士が中継をするからだ。

八日町の荒井呉服店

駅前広場の様子を立川と較べたが、いまどきの立川ほど派手なテナントビルはなく、近未来調のモノレールも走っていない。初夏の季節柄、紅い花を咲かせたマロニエの並木道を北へ進んで甲州街道を左折すると、アーケードに隠れて見落としがちだがぽつぽつと古い商店が残っている。駅前銀座通りが交差する角っこに建つ「大島屋」は、荒物、雑貨、金物……といった品目と〈信用を売る店〉なんてキャッチフレーズが右から左へと記された、なかなか年季の入った建物。一見、戦前の建築かと思ったが、「この横山町あたりは空襲で焼かれたので戦後の建物ですよ」と、店奥の女主人に伺った。しかしこの店、古いのは建物ばかりでなく、湯たんぽ、亀の子

ユーミンの実家として有名な「荒井呉服店」。この周辺には現在でも服飾店が多い。

スマホの修理店に侵食されつつも、往年の姿を残す荒物屋「大島屋」。

たわし、麦わら帽子……といった品揃えもなつかしい。「カモ井のリボンハイトリ」といういわゆるハエトリ紙が、まだ売られているのには驚いた。

織物の町ということもあって、荒物屋とともに目につくのは呉服屋だが、八日町にある「荒井呉服店」はご存知ユーミンの実家だ。

玄関先に可愛らしいまねき猫像を置いた店舗は新しいが、横道の側から眺めると昔の商家らしく奥行きが長い。専用駐車場の一角に〈創業大正元年〉と看板が出ている(さらに裏道に廃屋のようだが〝荒井呉服店寮〟と記したモルタルアパートを発見した)。

ところで、この荒井呉服店のすぐ隣りに黒服蝶タイ姿の若者が立ち働くシャレたカフェがあって、品書きで目にとまったエスプレッソソーダってのを飲んだら、これが予想以上に旨かった。平日の午前10時台という時間帯のせいもあるのだろうが、窓越しの外イスでカウボーイっぽいなりの老夫がくつろいでいる感じが、なんだかいかにもユーミンの実家の隣りのカフェ……であった。

Since1590

さっきの横道を挟んだすぐ向こうには〈甲州道中 八日市宿跡〉の石碑があり、傍らのビルには「八王子市夢美術館」というのが入っている。さらに、東京環状との交差点を越えて八幡町に入ると、古めかしい織物工業組合のビルがある。１階には地場の織物製品を陳列した売り場があるが、とりわけ目につくのはネクタイ。昭和30年代当時、国産ネクタイの約７割は八王子産だったという。ネクタイ裏のタグに「八王子織物Ｓｉｎｃｅ１５９０」と記されているが、１５９０年というのは豊臣秀吉勢の前田利家軍によって八王子城が陥落した年。これを機に甲州街道ぞいに城下町が形成され、絹織物を売る市が始まったという。まあ実際、八王子の織物が発展したのは明治時代のことだから、この〝Ｓｉｎｃｅ〟はかなりの大風呂敷、といえる。ちなみにネクタイの大方は絹（シルク）製のようだが、いまの生産元はブラジルが中心……と店員さんから伺った。

　ちょっと先に戦災を免れたという、立派な蔵造りの荒物屋「加島屋」がある。この角を北方に曲がって、浅川の方へ進路を向けることにしよう。あたりは住宅街になって、段々と地味な風景になってきたけれど、北大通りを渡った先の路地の向こうに、丸ノ内線の車両が見えた。赤地にサンウェーブの帯を入れた昔の丸ノ内線。八王子と丸ノ内線はナンのゆかりもないけれど、どうやらこれはコニカミノルタ サイエンスドームという子供向け施設の展示物らしい。

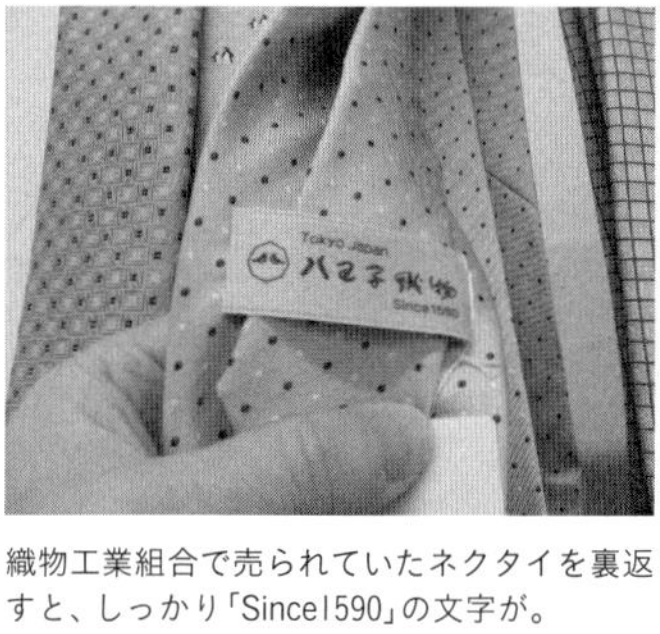

織物工業組合で売られていたネクタイを裏返すと、しっかり「Since1590」の文字が。

田町遊郭の面影

大横町というこのあたりに昭和30年代中頃まで大善寺という寺があって、サーカスや露店が出る派手な秋祭り（お十夜）が催されていたというが、いまの寺は浅川の向こうの大谷町に移っている。極楽寺の脇から元横山町の裏道を通って、暁橋へ行く旧道に入る。車がスレスレで行き交う狭い通りを北進すると、〈国内旅行計画〉の看板を掲げた小さな旅行代理店の前で左方にだだっ広い直線道の入り口が忽然と現われた。そう、この向こうのブロックこそ、いつか散策してみたいと思っていた田町の旧遊郭街。地名の由来にはいろいろあるけれど、この田町はおそらく〝田型〟に区画された町自体の形状から付いたものだろう。

田町遊郭は明治26年の大火で甲州街道の宿場にあった家が焼失したのを機に発生、昭和の戦災にも焼け残り、「〜楼」なんて看板を掲げた江戸ムードの建物にエキゾチックな魅力を感じたせいもあるのか、戦後しばらく進駐米兵たちに愛好されたという。道が不自然に広いのも江東区の洲崎（現・東陽町）などに見られる遊郭地の特徴だが、歩いてみると、倉庫や一般民家の間に仄かながら遊郭センスの建物が見られる。

そんな一角にある「カキノキテラス」というカフェで、ネット情報で知った山形・米澤豚のカツカレーをランチに味わった。横の駐車場にマダムグループのＳＵＶ車が次々と入ってきて、あっという間に店は満員になったから、地元で人気の店なのだろう。ここも元遊郭かどうかは定かでないが、前庭にお稲荷さんなんかを残した古い料亭風の建物を使っている。

松本清張の墓

料亭といえば、田町の旧遊郭街を後にして先の旧道から浅川に架かる暁橋に差しかかったとき、橋の向こうに〈なか安〉と屋上部に記した奇妙な格好の古ビルが見えた。7、8階建ての上階の窓がシャレた楕円に切られ、鳥カゴのような感じでベランダが突き出している。なんというか、1960年代末のモダンマンション的なセンス。しかし、外壁は汚れで黒ずんで、もはや廃屋かもしれない。

橋を渡って行ってみると、〈すし市場 なか安〉の看板があって、下階は料亭として機能しているらしい。受付の女性に尋ねてみたところ、昭和初めに創業した料亭で、気になる高層の建物はひと昔前までホテルに使われていたらしい。南方に高い建物はないから、八

印象的な意匠の「なか安」のビル。汚れはあるが、いま見てもモダンなデザインだ。

田町には昔の遊郭を思わせる建物が残る。周辺に比べて広い道路も遊郭の名残り。

王子市街が一望できたに違いない。

「なか安」の前の道を東進、浅川大橋の方から来た新道がひよどり山トンネルをくぐり始める所から、斜め右手の切通しの道に入っていくと、木立ちに覆われたアーチ橋（弁天橋）をくぐりぬけた先に小宮公園の入り口、その向こうに大善寺が門を開けている。

大横町から移転してきた大善寺は、境内に八王子織物の神様でもある機守《はたがみ》神社が祀られているる。そしてもう1つ、へーっと思ったのは、あの松本清張のお墓がここにあるのだ。僕は清張のけっこうヘビーな愛読者だが、確か『黒い空』というインチキな結婚式場のオーナーの話が八王子を舞台にしていた。晩年の作品だったはずだから、そのロケハンでこの辺に来たのが墓所を決めるきっかけになったのかもしれないし、小説とはまるで縁はないのかもしれない。階段状に配置された霊園の見晴らしのよい頂上部に、「松本清張」と刻んだ墓石を見つけた。

くまざわ書店

八王子の駅前――とくに北口広場の景色は「東京の大雪ニュースのときにおなじみ」なんてことを前に書いたけれど、ここに立つと目につくのが〈インプラント きぬた歯科〉と週刊新潮の谷内六郎画を掲げた〈くまざわ書店〉の看板。いずれも八王子地場の産業（店）なのだ。

ちなみに前者は西八王子駅前を本拠とするデンタルクリニックのようだが、派手な街道看板戦略を展開していて、近隣の多摩地区に限らず、東京モノレールの平和島のあたりでもバカデカイ看板を見たおぼえがある。この歯医者もちょっと興味をそそられるが、インプラントを仕込むつもりもないのに訪ねるのもナンなので、机上の話に留めるとして……後者の「くまざわ書店」はこういう多摩の散歩本を出版しようとしている者として、その沿革などを学んでおきたい。

取材のアポをとって、まずは駅前の書店（ここが本店）に立ち寄った。5階建てビル（地階もあり）のすべてが書籍フロアなのだが、1階の入り口付近に置かれた地元、八王子の本が目にとまった。『村松英二コレクション 絵葉書でみる八王子の100年』（揺籃社）というのを買って、八日町にある本社へ向かう。

甲州街道の西武信用金庫裏方の本社ビル、われわれ（僕と編集者）と入れ違いに濃灰色のリクルートスーツ（ってまだいうのか？）を着た若い娘さんが出てきた。ちょうど就職面接シーズン（当日は6月中旬）なのである。

じきじきに取材に立ち会ってくださった熊沢真社長は6代目（5

「インプラントきぬた歯科」の看板（日野市内）。ドライブ中に出会うとギョッとする。

代目とする数え方もあるという）にあたり、昭和32年1月の生まれというから前年4月生まれの僕と同学年だ。

さて、くまざわ（当初は〝熊沢〟）書店の創業は明治23年、というからかなり古い。場所はほぼこの場所、表（甲州街道）に面した、いまの西武信金の位置に店舗はあった。

「創業時は『熊沢開文堂』といって、新聞店から始まったようです。本を売り始めてからも一種のヨロズ屋といいますか、金貸しなんかもやってたって聞きます。そもそもウチの熊沢家というのは足柄山の麓の出でね、いまの寒川のあたりで地元の酒蔵である、熊沢酒造のとなりに住んでいたらしく」

足柄……というと、この「熊」は金太郎伝説に多少関係しているのかもしれない。

八日町は明治の頃の中心街で、さっき駅前の書店で購入した本にも大正時代の町並をとらえた絵葉書が掲載されている。残念ながら「熊沢」の看板は見つけられなかったが、砂糖、硯墨筆、萬年筆、時計、仁丹の広告……といった看板の諸々が確認できる。

「この辺は昭和20年の空襲で焼けまして、戦後4代目が復興した店で私なんかは育ちました。3階建てのビルになりましたが、やっぱり本だけじゃなく文具、レコード、いろいろ置いてました。『レストランくまざわ』なんて洋食屋も入ってまして、けっこう人気があったんですよ」

社長が小中学校の頃までレストランは営業していたというから、御近所のユーミンも少女時

八王子駅前のくまざわ書店本店は、谷内六郎画の壁画がシンボルだ。

代に食べにきた可能性はある。

「それから子供の頃はこの辺、本屋が何軒もありました。鉄生堂、三成堂、文化堂……」

さすがに熊沢社長、けっこうな読書少年だったのかもしれないが、「鉄生堂」なんていかにも多摩の古町の気骨ある店主の姿が想像される。

八王子のくまざわ書店、僕はこの散歩取材中に武蔵小金井や東大和……いくつかの町の駅前で立ち寄ったはずだが、現在店舗はおよそ210軒、北は北海道から南は沖縄まで存在する。

個性派会長とふわふわパンケーキ

レストランの話が出たところでもう1軒、小平市の回でひょっこり入ったあの「高倉町珈琲《たかくらまちこーひー》」の本拠を訪ねたい（270ページ参照。こちらの本拠取材の方が後に行われた）。八高線・北八王子駅南方に位置する八王子市高倉町で発祥した店なのだ。

高倉町珈琲店会長・横川竟氏。御年81歳。

高倉町珈琲店八王子店。7時開店なので、モーニング利用のお客さんも多い。

地図を眺めるとこの店があるのも、八日町からずっと東進した甲州街道の沿道。ただしこのあたりは道幅も広がって旧街道の趣きはない。

こちらもトップ（会長）じきじきにお話を伺うことができた。横川竟——と書いてファーストネームは〝キワム〟と読む。御年81歳と伺ったが、僕らが到着したとき、会長は広報（秘書）の女性を横に従えて、テーブルに並べた料理をバクバクやっていた。ただランチを食べているというわけではなく、メニューの新作の味のチェックをしているのだ。

「炙りビーフのガーリックピラフ、っていうんですがね」

やがて運ばれてきた、スイーツの看板メニュー「特製クリームのリコッタパンケーキ」を勧められて、珈琲とともにいただく。

パンケーキのふんわり具合、品の良いチーズソースの味覚……これは頼まれた宣伝記事ではないが、申し分ない。ファミレスのおいしいスイーツ……という域もはるかに超えている。そして、パンケーキを口に運ぶ横川会長の指のツメがピカピカに磨かれているのには驚かされた。と、ここを訪ねるまでの僕の興味は、八王子の高倉町なんて場所でその地名を冠した店を始めた理由……くらいだったのだが、お話を伺ううち興味の対象はこの横川竟という人物の方へ移っていった。

若い頃から築地の卸屋や氷屋で修業を積み、「すかいらーく」の経営にも関わった……くらいの知識は頭にあったのだが、「すかいらーく」そのものの創業を指揮した〝ファミレス界のレジェンド〟的な人物だったのだ。

「長野の上諏訪から15の年に上京しまして、17歳のときから築地の『伊勢龍』って乾物の卸で4年ほど修業しました……」

ちょうどこの取材の直前にテレビ東京の「カンブリア宮殿」で高倉町珈琲が取りあげられていて（放送は見落としたがＤＶＤを頂いた）、なかで会長が「この伊勢龍の大将から客目線で商売を見る目を学んだ」とおっしゃっていた。

築地の修業時代は昭和30年代初めのことだが、ファミレスの話へ行く前に昭和37年頃、コンビニの先駆け的な店をひばりが丘団地の一角で始める。

「『ことぶき食品』という店で、長野から兄弟よんで４人で始めたんですが、近くに大型スーパーができてすぐに潰されました」

その後、視察旅行で訪ねたアメリカの郊外ダイナーにヒントを得て、兄弟４人で「すかいらーく」を立ちあげたのが大阪万博の年、昭和45年（１９７０年）の七夕。

「場所は府中の西府町なんですけど、前身の『ことぶき食品』を始めたひばりヶ丘にちなんでヒバリの英名・スカイラークとしたワケです。そう、確か府中の市鳥もヒバリなんですよ」

ちなみにこの西府町のすかいらーく1号店も、この高倉町珈琲と同じ甲州街道沿いで、現在は後継の「ガスト」が建っている。横川氏はすかいらーく時代、数々のヒットメニューを考案したが、いまどきあたりまえになった〝料理写真を優先したメニュー表〟を世に出したのも彼らしい。

さて、取材は店の通常スペースのボックス席で行われたが、通路の向こうの席に僕らより前からいる中高年女性の2人組が、あのリコッタパンケーキをはじめとしてスイーツを2皿、3皿と追加しながら、延々と滞在しているのに驚いた。

「何より客が喜んでくつろげる店を作りたい」というのが横川氏のポリシーであり、オーダーを追加せずとも長居できる、というのが高倉町珈琲のウリモノにもなっている。

そう、小平の店に立ち寄ったときにも書いたけれど、この高倉町の店もビートルズの曲が繰り返し流れている。ずっと聴いていると「ハード・デイズ・ナイト」ばかり何度もリフレインされているので、「お好きなんですか?」と指摘すると、「あ、そうですか? ビートルズ世代がターゲットなんでね」さらりと会長。そのリアクションを見ると、個人的にはさほどビートルズに対する思い入れはないようだ。この件について「カンブリア宮殿」で村上龍氏が「仕事で

会長もお参りした高倉稲荷神社。鳥居の傍らの古めかしい火の見やぐらが目にとまる。

忙しくてビートルズを聴く余裕もなかったのだろう……」というようなことを指摘していたが、なるほど確かに〝ビートルズの青春〟とは無縁の日々を過ごしていたのかもしれない。

ところで、懸案の「高倉町」という土地の縁について最後に伺ってみた。

「この店の前に『元気な食卓』というレストランを出したのが最初なんですが、たまたまここを紹介されたってだけで、とくに町に対するこだわりがあるわけじゃないんですよ。昔、高倉大根って名産の大根を作っていた地域で、ちょっと先にある高倉稲荷神社ってのは割と由緒あると聞いて、お参りには行きましたけどね」

しかし、ひばりが丘の店に始まって、府中、八王子……多摩と甲州街道に深い縁を持った人物には違いない。

滝山城址の空堀

八王子は広いのでもう少し遠方まで行っておきたい。浅川大橋の北詰に八王子郵便局の停留所がある。やってくるのは甲州街道でも次々と見掛けた西多摩地区の定番・西東京バスだが、その「戸吹」行き（サマーランド行きでもOK）に乗車。けっこう長いひよどり山トンネルをぬけたバスは、中央高速のICの横を通り過ぎて、新滝山街道、そして東京純心女子学園の前から元の滝山街道に入る。

滝山城址下でバスを降りると、すぐ向こう側に滝山城址へ上っていく入り口がある。上り始めから案外急な傾斜で、これはどうしたものか……と思っていたら、数分も上ったあたりからは緩やかなハイキング道になってホッとした。湾曲した道筋の脇に空堀らしき窪地が残され、千畳敷、二の丸、三の丸……指示板の先に城が存在した時代の景色が想像できる。頂きの本丸跡の所には霞神社、その裏手に金毘羅社が置かれている。金毘羅の北方は急な崖で、秋川が合流する多摩川の流れが見渡せる。

八王子は裏高尾山中の八王子城、市街南方の片倉城……城址がいくつか残っているが、ここ滝山はとりわけ手軽に往年の山城気分が味わえるポイントである。

武蔵野陵の森

5月の下旬、梅雨入り前の快晴に恵まれたので高尾山に行ってみようと思う。鉄道の最寄り駅は京王線の高尾山口だが、これまでまだ1度も行っていない武蔵野陵（墓地）へ立ち寄っていきたかったので中央線の高尾からアプローチすることにした。

八王子、西八王子あたりまでは市街地の景色が続いているが、高尾の駅が近づくと右手の車窓に豊かな緑の木立ちが見えてくる。あの一帯が武蔵野陵の森だろう。

高尾駅の北口に出て、すぐ先の甲州街道に入ると、このあたりで妙に目につくのはスクールバスや高齢者施設のマイクロバス。ちょっと離れた所にそういう文教、医療施設が散在しているのだろう。いまの甲州街道もイチョウ並木の美しい道だが、町田街道入口の交差点から左裏手に口を開けた旧甲州街道に入ると、黒塀の古めかしい屋敷が向かい合い、道端を澄んだ水の小川が流れ、いい感じの旧街道風になってくる。そして、この辺のちょっとしたお宅の表札はだいたい〝大貫〟さん。知り合いの大貫さんの顔などを思い浮かべつつ、横道を曲がって、南浅川に架かる小橋（古道橋。鎌倉街道の由緒をもつ）を渡って、武蔵野陵の前の参道に入った。

ひと頃までは多摩御陵、あるいは多摩陵《たまのみささぎ》と呼ばれていた天皇墓所、大正天皇を葬るために昭和2年に造営されたもので、平成元年に昭和天皇の墓所が加えられたのを機に武蔵野陵墓地が正式名称となった。

正門のすぐ手前に、キノコのカサみたいな格好の屋根をのせた交番（高尾警察署多摩御陵警備派出所）がある。実は、けっこう早く家を出てきたので、9時の開場まではまだ15分ばかり時間がある。あたりの脇道をぐるりと歩き回って、交番のおまわりさんの動向など窺いつつ待っていると、陵の方から係員がやってきて車止めの扉をガラッと開けた。1歩の差で僕より先に歩きはじめた初老の男の後について、武蔵野陵のなかへと進む。前の男はキビキビした足どりで迷わず手水鉢の所へ行って手を清めたりしているから、毎朝の参拝を日課にしているような人なのかもしれない。

　手水鉢の横から表参道に入ると、やや湾曲した道の両側にふくよかな葉をつけた北山杉の木立ちが続く。足の早い前の男の姿は見失ったが、ふと見た路上に何かの動物のフンを発見した。開場まもない時間だからペット犬のもの、ということはないだろう。タヌキかイノシシかアライグマ、ハクビシン、もしやクマ？　この荘厳な場所の動物のフン、というのは正体が気になる。

　表参道の突きあたりに大正天皇の多摩陵と貞明《ていめい》皇后の多摩東陵が並んで配置されている。いずれも、石段の上に古代の円墳型の墓が垣間見えるが、柵があって間近まで

昭和天皇が埋葬されている武蔵野陵。大正天皇の墓と同様、上円下方墳型。

行くことはできない。そして、多摩東陵の前の参道（西参道）を回りこんだ奥に昭和天皇の武蔵野陵と香淳皇后の武蔵野東陵が配置されていた（つまり、昭和天皇の武蔵野陵を一帯の名称としても使うようになったのだ）。

ところで、ふとした疑問で「明治天皇のお墓はどこ？」と思われる方もいるかもしれないが、明治天皇陵は京都の伏見に存在するのだ。さらに、いまの天皇・皇后もいずれこの森の一角に？　多摩、武蔵野……と地域名を使ってしまったら次はナニ陵にするのか？　などと思うことはいろいろある。

各陵の傍らにも小さな木造の平屋があって、見張り番のおまわりさんが暇そうに路面の砂利を足先でなぞっている姿が目に残った。しかし、セミしぐれがうるさくなる前のこの季節、深閑とした森に聞こえてくるのはウグイスとキジバトの声くらいで、なんとも清々しい気分になった。

日影口から高尾登山

門前のケヤキ並木の参道をずっと行くと、甲州街道を越えた先の中央線路端にかつて〝東浅川〟という駅があった。多摩御陵へアプローチする皇室専用駅として昭和6年に開設、昭和35

年まで利用された。出雲の旧出雲大社前の駅舎に似た神殿造りの建物は、廃駅後もしばらく陵南会館という公民館に使われていたが、平成年代に入って過激派の爆弾テロで焼失してしまったのだ。うーん、もったいない。それにしてもこの東浅川駅の跡地、東京オリンピック自転車競技の碑なんてのは立っているのに、昔の駅についての解説が何一つないのはどうしたものなのか。ちなみに戦前は多摩御陵の正門前にも京王電車の支線の駅が、甲州街道ぞいにも武蔵中央電鉄という路面電車の駅があったという。

さて、高尾山、これまで高尾山口↓ケーブルカー、というブナンなコースは何度も使ったので、今回は裏高尾側から足で登ることにする。このコースの出発点近くを走る小仏行きのバスに乗るため高尾駅北口の乗り場へ行くと、平日というのに長い列ができていた。

高尾山に登るより前に、この路線バス、旧甲州街道のなかなか魅力的なルートを走ってくれる。中央線をくぐった先で右手の旧道に入ると、駒木野、荒井、蛇滝口、山裾の集落のなかをぬける狭隘な道を進んでいく。登山口に近いのは日影の停留所だが、その少し手前の摺差《するさし》という、グッとくる響きの停留所で降りた。

地図を見ると、集落の字《あざ》名の方は「摺指」の綴り。ま、地名にこ

摺差のバス停。後方には、中央自動車道と圏央道が交差する八王子ジャンクション。

ういう当て字違いは珍しくないが、いずれにせよ、〃指が摺れたり〃〃脇差が摺れたり〃みたいな狭い道の景色が想像される。「峰尾豆腐店」という有名な豆腐屋があるけれど、この集落の大方の家は峰尾さんだ。

中央本線の線路のすぐ近くを走るこの旧街道、山梨や長野へ行く列車の窓越しに見た記憶のある〃浅川国際マス釣場〃の横を通りすぎて、日影バス停の少し先から左手の林道に入る。日影沢という谷川づたいに続く林道は昆虫マニアの間で知られたポイントで、周辺で撮影された美しいミヤマカラスアゲハの吸水シーンのカットなどが、よく蝶の写真集に載っている。しかし、高尾山の山頂をめざすには、途中から細い山径の方へ曲がらなくてはならない。

無事、高尾山山頂にたどり着いた筆者。

この山径、多少急峻な区間もあるけれど、足元にはほぼ丸木を入れた階段が整備されていて歩きやすい。しろだも、はくうんぼく、からすざんしょう……と樹木の名札や所々になぜか和歌の木札も立っている。ハイカーのなかには、リンリンリン……と熊鈴を鳴らして歩いている人もいるけれど、かえって熊を引き寄せるような気がして、不安な気分になる。やがて、ケーブルカー駅の方から来た一般客（っていい方もナンですが）と合流、登り始めて1時間ちょっとで頂上に着いた。頂上付近で視界が開けているのは富士や丹沢のある南西方向なのに、こういう場所でも「スカイツリー、見えるか？」なんていってるオヤジがいるのがおかしい。今回は同伴者がいるので、山頂の碑の所で珍しく筆者込みの写真を撮影した。

北島三郎と裏高尾

山頂の茶店で生ビールを1杯、いつしか高尾名物の定番となったとろろそばを腹に入れ、帰路はケーブルカーの方へ行く王道を歩む。ところで、時折フワフワと白いスカーフのような佇まいの蝶が頭の上を飛んでいく。よく見ると、白は青味がかって、鮮やかな紅茶色の部分も認められるこの蝶はアサギマダラといって、高尾山に多い。道端に解説板も掲げられていたが、この山に自生するキジョランという植物を幼虫が食草にしているのだ。

薬王院の境内に入ると、山岳信仰のこの寺には天狗の像が目につく。御本尊は飯縄大権現（イヅナダイゴンゲン、と読む）といって、本堂に祀られた像もカラス天狗の顔だち（一見、日活怪獣のガッパも思わせる）をしている。キャラクターブームの昨今、天狗はTシャツの柄になったり、「天狗の鼻くそ」なるピーナッツ菓子にされたり、ミヤゲ物屋の店頭をにぎわしている。

麓のケーブルカー乗り場の入り口には、八王子の名士・北島三郎の金の像がドンと建立されていた。壁のポスターを見ると、へーっ、「高尾山」って歌もちゃんとうたっていたのだ。背後にカラス天狗のポスターも掲示されていたが、パワーをサブちゃんに吸いとられたようだった。

通の高尾ルート

高尾ハイカーのなかには、裏高尾の方から陣馬高原へぬける人もいる。この陣馬高原、山登りに興味がない人でも、麓の陣馬街道の散策はなかなかおもしろい。いまは高尾駅の北口から路線バス（陣馬高原下行き）が出ているが、途中の川原宿のあたりからは旧街道

高尾山ケーブルカーの清滝駅には、笑顔の北島三郎像が立っている。

らしい古い家がぽつぽつと見られるようになって、童謡に由来する「夕焼小焼」のバス停近くの公園にはひと頃までこのルートを走っていたボンネットバスが保存され、そのちょっと先にはシャレた木造洋館づくりの上恩方《かみおんがた》郵便局（昭和13年築）がある。

終点・陣馬高原下バス停あたりの微妙な鄙び方も味わい深い。ここで1軒がんばっている「陣馬そば」の店のそばと肴もウマい。

ベルコリーヌ南大沢

京王相模原線に乗って、多摩センターの先のトンネルをぬけると、京王堀之内の市街に入る。このあたりも八王子市南部のテリトリーなのだ。

京王堀之内駅の開設はバブル経済ピークの88年。僕が初めて訪れたのは90年代の初めだったと思ったが、とくに南口のＳＦめいた都市の景色に衝撃を受けた。駅を出た先にガウディをイメージしたようなオブジェがあって、その傍らから丘上のマンションへ上っていくエスカレーターが設備されている。マンションのデザインも先輩格の多摩センター周辺の建物と較べて凝っていて、当時は感心したものだが、いまの目で見るとそれほどのことはない。昔はあまり目につかなかった〈庄や〉とか〈回転寿司〉とか、俗な日本的飲食店の看板がガウディもSFセンスもお構いなしにデカデカと掲示されている。

駅前こそ俗化したものの、別所の方へ行く広い通りをちょっと南下したあたりにシャレた木造洋館の店があった。半地下風の1階はアンティーク店で、階段を上った2階が〈OUCHI CAFE〉と小さな看板を掲げたカフェ。オウチカフェというのだろう、店内の柱や壁、テーブル……どれもわざわざ年季の入った木材を使っている。僕の世代はなんとなく、70年代初め頃の原宿の隠れ家的なブティックや喫茶を思い起こす。

チャーミングなウエートレスさんからメニューの説明を受けて、ケークサレにサラダやスープが付いたランチを注文。ケークサレって、僕は初めてだったが、パンを使ったキッシュ的なものである。土曜の昼時、〝予約〟のテーブルもあったから、周辺で人気のカフェなのだろう。

八王子の四谷見附

住宅地の裏手に残された里山ムードの森林に寄り道しながら別所の町を奥へ行くと、長池見附橋の交差点に差しかかった。長池公園の一角に設備されたこの橋、橋柱に昔の四谷見附橋の鈴蘭灯が使われているのだ。なんでこんな所に四谷の名橋を移設したのかよくわからないが、そういえばひと頃まで京王堀之内の駅前広場にも、四谷の1つのシンボルともいえる丸ノ内線の旧車両が展示されていたはずだ。何か、四谷との因果がある土地なのかもしれない。

八王子の南イタリア

デニーズのある南大沢の交差点を通過して、なだらかな坂道を南大沢駅の方へ上っていくと、長い木塀に囲まれた純然たる日本屋敷が現われた。長屋門まで設えたこの家は、ニュータウンの開発以前からの地主さん宅に違いない。多摩、八王子の新開地を歩いていて、こういう伝統的な物件に遭遇するとホッとする。この屋敷裏の公園のすぐ向こうは、イトーヨーカドーの見える駅前だ。イトーヨーカドーのある南口から北口に出ると、こちら側のランドマークはブランド店のヨコモジを並べた三井アウトレットパーク。その背後には首都大学（昔の都立大学。だがまた都立大学の名に戻るらしい）の郊外型キャンパスが広がっていて、一見、アメリカ西海岸の学園都市の玄関口のようだ。

南大沢駅北口の「三井アウトレットパーク 多摩南大沢」。

ニュータウンの中に残る昔ながらの古い日本家屋。大地主の家だろうか。

首都大学門前の道を左方へ進むと、一世を風靡した「ベルコリーヌ南大沢」の敷地内に入る。沿線が開発された80年代終わりから90年代初めにかけて分譲された住都公団の高級マンション、〝南イタリアの街並をイメージした〟なんて、あの頃らしい売り文句が流布していたものだったが、いまはどことなく寂れている。フェンス張りを施して、改築工事中の建物も目につく。南イタリア時代のことでよく憶えているのは、佐野史郎がオタクな変質者を演じた「誰にも言えない」ってドラマ。冬彦さんのキャラで社会現象になった「ずっとあなたが好きだった」の続編的ドラマで、佐野が離縁した元妻の賀来千香子を探しあてて、隣人として暮らすことになる場所（ロケ地）が、トレンディーだった頃のここベルコリーヌ南大沢だった。

八王子の縁かどうかはともかく、テーマ曲はユーミンの「真夏の夜の夢」で、ボックスが普及したカラオケを通じて広く浸透したが、確かこの夏（93年）はひどい冷夏だったのだ。そう、カラオケボックスといえば、ちょうど誕生まもないベルコリーヌ南大沢を取材しにきた頃、先の京王堀之内から南大沢に至るニュータウン一角の空き地に、〝カラオケボックスカー〟なる車内でカラオケを楽しむミニバスが停まっていた光景が忘れられない。

絹の道へ

さて、今回の散歩の第一の目当ては、この奥の鑓水《やりみず》にある〝絹の道〟だ。歩いても行けないことはないけれど、丘陵地のダウンヒルの道をかなり歩いてきたので、ちょっとバスに乗ってみよう。宮上中学校のバス停で待っていると、多摩美術大学行きのバスがやってきた。多摩美あたりからなら割合に近いから、これに乗ってしまおう。

多摩美のキャンパス、世田谷の上野毛の方には行ったことがあるけれど、こっちは初めて。そう、ユーミンも多摩美の出だが、八王子キャンパスが本格的に機能する70年代後半はもう彼女がプロデビューした後だ。校門前でバスを降りて、柚木街道を東進、絹の道入口のバス停手前の涸れた小川が垣間見える脇道に入っていくと、公園と公会堂を通り過ぎた先にちょっとした田んぼが広がっている。ホタルの再生事業をやっているのか、けっこう大きなホタルの模型看板が掲げられている。

そんな田んぼの向こうに見えるのが、「絹の道資料館」。館前を通るのが〝絹の道〟と呼ばれた旧街道だ。絹の道とはもちろん、八王子の伝統産業である絹織物の輸送で使った横浜港へ至る街道の俗称。八王子市街近くの織物工場が使うルート、というばかりではなく、桑畑をもつ農村部の養蚕農家にとっても重要な道だった。この地からも、鑓水商人と呼ばれる生糸長者が続々と生まれたらしい。あの南大沢で見た立派な日本屋敷もそういう関係の家かもしれない。館内の展示解説によると、町田の回でふれた明治の自由民権運動も、生糸で富を得た余裕のある豪農家の間で盛りあがったもので、またキリスト教の布教にもこの絹の道のルートが大いに機能したという。町田の農村伝道神学校なんかも、間接的に絹の道の文化の流れをくむものなのかもしれない。

そうか、キリスト教といえば、八王子のユーミンが讃美歌などの教会音楽に影響を受けた……というのも、ふとこういう歴史的土壌の系譜が想像される。ところで、この鑓水という趣きのある地名は、丘陵地の斜面に鑓状に切った竹を刺しこんで飲料水を得た……という生活風習に由来するらしい。いまも所々に竹林は見受けられる。

資料館の前の道を西方の坂上に進んでいくと、数百メートル先で枝分れして、右側から昔ながらの絹の道が始まる。土の路面に石がゴロゴロ埋まった、時代劇にそのまま使えそうな区間が深い木立ちのなかにしばらく続く。資料館を出て30分近く歩いたあたりで、絹の道の石柱が置かれた石段下に突きあたった。石段の上は絹の道の道了堂が置かれていた大塚山公園、左側の小径へ迂回すると切り立った崖上に行きあたる。急な階段を下りると北野台の住宅街だが、この崖上からの眺めは実にダイナミック。

眼下に広がるのは片倉にかけての新開地なのだろうが、かつて絹の道を歩いてきた古えの商人たちも、この辺の崖上からはるか向こうの八王子宿の家並を眺めてひと息ついたような……想像が浮かんできた。

大塚山公園脇から北野台の新興住宅地を見下ろす。起伏に富んだ地形がよくわかる。

AKIRUNO-SHI

あきる野市

哀愁のサマーランド

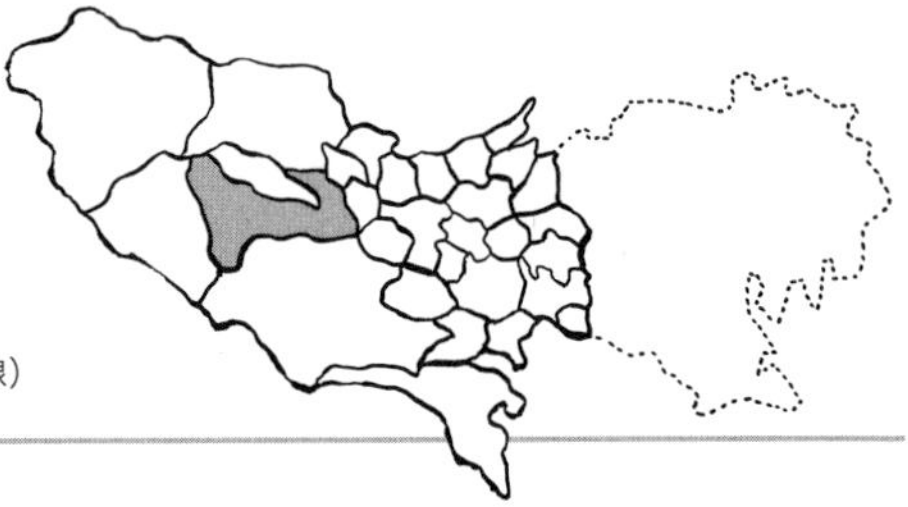

◆面積／73.47㎢
◆人口／80,313人
◆主要な鉄道駅／
武蔵五日市駅、
東秋留駅（ともにJR五日市線）

あきる野市が誕生したのは１９９５年、はや20年余りが経つわけだが、どうもいまだこの市の領域はしっくりこない。それ以前は東部が秋川市、西部が五日市町で、僕の子供時代は秋川市も秋多町という町だった。

都心から中央線、五日市線と乗りついで、多摩川を渡った先からがあきる野の領域だ。いまは東秋留、その次が秋川だけど、かつてはこちらが西秋留。ここも東秋留、西秋留と続かないと五日市線に乗った気がしない。

そんな、西秋留と呼ばれていた秋川の駅に僕が初めてやってきたのは、小学2年生の秋。まだ五日市線が焦茶色の戦後臭プンプンのオンボロ電車だった頃だ。小2の秋、とまで特定できるのは、日記帳が残っているからだ。オリンピックがあった64年の秋に書いたと思しき「くりひろい」と題された1文がある。

朝になりました。きょうは秋るへくりひろいに行く。でん車に三かいものって　やっと秋るへつきました。それからあるいてくり林へついた。ぼくはくりを二つぐらいとった。いっしょにいったおにいさんやおねえさんはたくさんとった。ぼくたちは　うまおいやとのさまばったをとっていた。とのさまばった　すばしこかった。

ほぼそのまま書き写したので、少々読みにくいところもあるだろうが、当時の西秋留は栗拾いの名所だったのだ。秋留橋の際の秋川べりに栗林が続いていたことをぼんやり記憶している。その一帯に数年後、サマーランドができあがったのだ。

栗拾いの里

なんて回想を浮かべながら、秋川駅東方の滝山街道を南下する。この道こそ、小2の栗拾いの日に歩いたルートと思われる。はじめは街道ぞいにジョナサンやアウトレットが並んでいて、どうもピンとこなかったが、やがて右手に古びた酒蔵を備えた造り酒屋が見えてきた。多摩には多満自慢、澤乃井など、地酒のメーカーがいくつかあるけれど、ここは千代鶴を製造する中村酒造。文化元年（1804）から続く酒屋らしい。資料館も置かれていて、見学もできるようだが、酒蔵の見学はけっこう時間を食うので先へ急ぐ。

この先にも、朽ちたポンプ井戸を晒した小屋があったり、土地の名士の銅像を置いた墓場があったり、老木がそびえる神社があったり、たぶんこの辺の景色は小2の僕もそれとなく視界に入れていたのだろう。しかし、秋留橋の周囲は圏央道のインターチェンジができたり、八王子の方へぬける新滝山街道のトンネルができたり、この数年で大きく変貌した。圏央道のず太い橋脚の下の釣り人の姿を眺めつつ、橋の向こう側からサマーランドへ入っていく道へ進む。傍らの川岸斜面に背の高い栗の木を1本発見したが、あれなんか昔の栗林時代からの残党だろうか……。

中村酒造。蔵造りの建物や奥にそびえる煙突が伝統を感じさせる。

サマーランドとGS

やがて見えてきた「東京サマーランド」の太陽を象ったマーク、もはやなつかしい。オープンしたのは67年7月というから、ちょうど50周年（取材当日は２０１７年7月）を迎えるのだ。

平日の10時の開場まもない頃だが、朝からむし暑い日なので、僕の前にプール目当てか若者グループが何組か見受けられる。スピーカーから頻繁にアナウンスもされていたが、タトゥー、入れ墨のチェックにかなり力を入れているようで、男性客はゲート手前でTシャツやアロハの衿ぐりを係員にめくられて、首もとから肩のあたりを検査されている。僕のところにも、40くらいのいかつい顔の係員がやってきて、ポロシャツの衿に手をかけようとしたとき、彼はこう言った。

「すんません、先輩」

別に僕はこの男の顔見知りの先輩というわけではない。ちょっと年上と見た人に対して、通称として「先輩」というフレーズを使う感じがなんとなくチンピラっぽくてグッときた。

僕は割と若く見られる方だが、やはりこういう若者客のなかに混じれば、一見してオールドマンなのだろう。ちなみに61歳になって3か月だが、ここの料金はちょうど61歳からがシニア対象になっている。それでも入場料だけで１８００円。ちょっともったいない気もしたが、50年の節目ということもあるし、ちょっくらなかを散策していくとするか……。

ところで、サマーランドは数えるほどしか来たことがないが、ゲートをくぐった先のインドアプール（正式名称・アドベンチャードーム）の景色は妙になつかしい。ガラス張りの屋根に覆われた熱帯植物園を思わせるこのスペース、実体験よりもオープンしてまもない頃、よくバラエティー番組や映画のロケ地に使われていたのを思い出す。とりわけサマーランド開業時はGSブームたけなわの頃。このインドアプールのステージでスパイダースやジャガーズが歌い踊る映画シーンがあったはずだ。

一人でお入りください

むわっとしたインドアプールの館をぬけて外へ出ても、本日はまだ暑い。アドベンチャーラグーンと名づけられた、外のプールには人が溜まっているが、フリーフォールやメリーゴーランドが置かれた、奥の方

大きなインドアプール。開業当初、センターのステージでよくGSショーが行われた。

へ行くにつれて人っ子ひとり見当たらなくなった。まぁいまどき、ディズニーランド以外の平日午前中の遊園地ってのはこんな状態なのだろう。

何か1つくらいアソんでいこう……と思ったとき、お化け屋敷が目に入った。しかも、「必ず一人でお入りください」と、わざわざ但し書きが出ている。そして、このお化け屋敷、人件費節約なのか、係員の姿はなく、料金箱に300円入れてなかへ入る……という仕組みになっている。場内は暗い通路の所々にゆるい作りのお化け人形が配置された、どうってことない構造。61歳になって、少し切ない気分になった（外に出る瞬間、若者に見られなくて良かった）。

秋川左岸の古集落

さて、サマーランドを出て、こちらの川岸を上流の方へ進む手もあるけれど、千代鶴の酒屋があった対岸（秋川駅側）の道は袋状に込み入っていて、おもしろそうだ。秋留橋をまた駅の方に渡って、圏央道のインターチェンジの下をくぐって、川岸から右手の農道へ入っていく。田んぼの向こうに、茅葺き屋根の農家こそないけれど、のどかな田園集落が眺められる。ひと昔前ならゲンゴロウやミズカマキリが見られたような田んぼだが、じっと覗きこんでも小さなアメンボくらいしか確認できないのがさみしい。

この辺の地名は下代継《しもよつぎ》。くねくねと湾曲した道を思いつくままに進んでいく。地名は上代継、さらに渕上と変わるが、玉石垣や生垣を設えた古い家が枝分れする道づたいに続いている。そして、ちょっとした神社の境内に字《あざ》と思しき地名を冠した素朴な会館が置かれている。昔ながらの村人の寄り合い場なのだろう。

秋川左岸の河岸段丘に広がった古集落地帯。坂を見下ろす辻に坂上商店という古い酒屋があったりするのがうれしい。もちろん、地元の千代鶴の看板が掲げられている。

幻の手打ちそば

携帯の万歩計は1万歩を突破して、そろそろ腹も減ってきたとき、路端に〈手打ちそば〉の案内板を見つけた。いいねぇ……指示に従って歩いていくと、どうやら店は秋川を見渡すような場所に位置している気配。最初に看板を目にしたあたりから、もう500メートルくらいは歩いただろうか。大きな看板を掲げた、本拠らしき物件がようやく見えてきた。

店の玄関先に差しかかったとき、無情な断り書きが出ていた。

「店主入院中の為　しばらく休業致します」

近頃ハヤリのマヌケな展開をウリにした、ぶら旅番組のディレクターなら「やったね」と喜ぶかもしれないが、これはさすがにガクッときた。

もう頭には〈手打ちそば〉しかないので、それを目当てに探し歩いたところ、ちょっと先の通りぞいに発見、昼めしにありついた。店前の山田通りを南下して秋川を渡った網代には、小さな温泉宿があって、昔来たことがあったけれど、数年前に閉業してしまったらしい。当初、炎天散歩の締めにひとつ風呂……なんてプランも考えていたのだが、残念。道を北上すれば、武蔵増戸の駅も近い。

ハンミョウの林道

あきる野市の西部の拠点は武蔵五日市だ。取材日の7月17日は、例のハッピーマンデー型の祝日・海の日にあたっていたので、中央線のホリデー快速・あきがわ号というのに乗って、朝の10時前に武蔵五日市へやってきた。

まだ梅雨明けの発表前だが、天気も良さそうなので、リュックに携帯式の捕虫網を仕込んできた。夏の五日市、というと、僕の場合、まずは〝虫採り〟なのである。

子供の頃から、五日市を拠点にして、ちょっと奥の秋川渓谷のあたりでよく昆虫採集を楽しんだものだが、この数年のフィールドは駅から歩いていける三内から横沢にかけての一帯。昔ながらの里山と谷戸の環境が保全されている。

五日市線の線路端にある大悲願寺という寺の脇から入ってもいいのだが、僕が好んでいるのは、駅前の秋川街道を北進して、五日市線のガードをくぐった先から右手の林道に入っていくルートだ。入り口の道端に、かつてこの先の武蔵岩井まで運行していた五日市線支線のもの、と思しき柵の一部が残されている。

〈林道：横沢・小机線〉と看板が出たこの道、さほど勾配が険しいわけでもなく、ピクニック気分で歩くにはちょうどいい。今回は山歩き好きの編集者K君を同伴しているので、捕虫網をセットして、さぁ歩くぞ！　というところをさっそく写真に撮ってもらった。

林縁をちらちら舞い飛ぶムラサキシジミやコミスジをネットに収めたが、この道での第一の目的はハンミョウだ。漢字で「斑猫」という字をあてるこの甲虫は、2センチ前後と小型ながら光沢のある紺や緑、朱や白紋などをちりばめた実に美しい姿をしている。そして、道端の草むらからひょいっと現われると、人の歩く先をふわっ、ふわっと道案内するように飛び跳ねていく習性があるため、「みち

秋川街道脇に残る五日市線支線の柵（歩道右）。

あきる野市内でよく見かける、味のあるカツラ広告の看板。

しるべ」とか「みちおしえ」とかの俗称をもつ。

こういう低山の日あたりの良い小径を好み、ひと昔前の多摩丘陵あたりでは珍しくもない昆虫だったが、幼虫は砂地や土中に巣を作って過ごすため、道がアスファルト舗装されるといなくなってしまう。

手元に「94年8月15日 三内」と記録紙を付けた標本が保存されているが、それ以降も何度かこの林道でハンミョウと遭遇したことがある。しかし、7月はまだちょっと早いかなぁ？ しばらく地面に注目しながら歩いたけれど、あの忽然と目の前に現われる宝石のような美虫には出会えなかった。

ハッチョウトンボ発見！

林が途切れて、やがて前方に黄緑の草に覆われた湿地が見えてきた。ここから先は、地形的な〝谷戸〟にあたる一帯で、以前は農家の水田が広がっていた所なのだ。農家が稲作をやめて、荒れた休耕田になりつつあったのを自然愛好家のグループが尽力して、野鳥や昆虫の集まる里山として復元した。

ところで、こういった〝里山保全地区〟みたいな場所は、やれ虫を採るな、魚を釣るな……と、規制がやたらとうるさいものだが、ここはオッサンが虫採り網持って、トンボを追っかけていても、とやかく言われることはない。また、休憩用の簡素な東屋が置かれているだけで、カエルのオブジェとか、過保護な柵を付けたデッキとか、いらんもんが目に入らないのも好ましい。

湿地の畦道でわが国最小のトンボ・ハッチョウトンボを発見、胸を高鳴らせて網に収めた。上品な横縞ストライプのメスをナマで見るのは初めてのことだ。さらに、鮮やかなイエローのマッチ棒が飛んでいるようなキイトトンボ、小川上をパトロール飛行するオニヤンマの捕獲には失敗したが、低木の枝葉にブーンと飛んできたゴマダラカミキリはうまいこと網ですくいとった。

林を抜けると横沢入の里山保全地域。典型的な谷戸に広がる田んぼが保たれている。

が、網中に手をつっこんで掴みとろうとした瞬間、ガブリと鋭い歯で人し差指を噛まれた。イタタッ！　小さな傷口から血も滲み出してきたけれど、こういう痛みの感触はなつかしい。ゲットした昆虫は、証拠写真だけ撮って、すべてその場で逃がしてしまったが、昆虫を捕まえる瞬間というのはいくつになっても胸がドキドキする。

ちなみに、この日網を持って、あたりを歩き回っていたのは僕一人、夏の休日ゆえ、親子連れの姿を予想していたので、ちょっと拍子抜けした。ま、遊園地みたく混み合う状況も避けたいが、虫採りの子供がまるでいない、ってのもなんだか寂しい。

キンチョールの納屋

横沢入の谷戸地区を出て、傍らの大悲願寺に立ち寄る。先の東屋の壁に、古くから近くの山で採石されてきた〃伊奈石〃と呼ばれる岩石の解説が出ていたが、この寺の参道には伊奈石と思しき石塊や、それで建造したらしき石仏が点在している。

源頼朝の奉行・平山季重《ひらやますえしげ》が鎌倉時代幕明けのころ（1191年）に開基したという大悲願寺、観音堂の欄間《らんま》彫刻も立派だが、なんと

斑点が特徴的なゴマダラカミキリ。この後、見事に人差し指を噛まれる。

いっても年季の入った山門が目を引く。境内側から山門を眺めたとき、門口の向こうの低い所に五日市線の踏切がスポッと収まりこむ。五日市線の本数は少ないが、ちょうど山門の向こうの踏切警報機が鳴って電車が走ってくると、ありがたい気分になるものだ。

大悲願寺門前の道を武蔵五日市の方へ進んでいくと、坂を下った先で五日市街道の旧道に行きあたる。横沢のバス停の方へちょっと行ったあたりの納屋に〈キンチョール〉の古いホーロー看板がいまも張り出されたままになっている。この辺に来るたびに消息を確認していく、僕にとっての貴重な文化遺産だ。

五日市憲法

五日市街道を西進、駅前を通り過ぎると、東町のバス停あたりから上町にかけてが、そもそもの五日市の町筋。ラーメン屋で冷し中華を腹に入れ、南方の路地に入っていくと、秋川岸に近い所に阿伎留神社というのがある。阿伎留《あきる》と字をあてるこの神社こそ、〝あきる野〟の地名の源といっていいかもしれない。

鬱蒼とした樹々に覆われた地味な神社に、〈映画 五日市物語 ロケ地〉の張り紙がひっそり掲げられていたが、このローカルな映画、僕は7、8年前に試写会で観ている。ひと頃アイド

上：五日市街道の旧道ぞいには、キンチョールのホーロー看板が残る。
下：大悲願寺横の増戸保育園前に、昭和前期タッチの「子供の飛出し注意」の看板を発見。

ル女優として鳴らしたエンクミこと遠藤久美子がルポライターとして五日市の歴史にふれる……といった話で、明治の初めに草案されたこの町独自の憲法・五日市憲法がクローズアップされていた。ここで細かい内容についてはふれないが、起草した千葉卓三郎は五日市勧能学校の校長を務め、ハリストス正教の洗礼を受けた自由民権運動家というから、これも町田や八王子と同じ、革新的な風土を感じさせる。

この五日市憲法草案が昭和40年代に発見された深澤家の土蔵があったのは、市街北方の山間集落・深沢だったというが、五日市街道の上町あたりにも〈土蔵えどうぞ〉なんてダジャレ看板を出した古い商家の土蔵があったりする。その並び、青木屋とい

星竹集落のお屋敷。屋根下中央にススメバチの巣が。

う燃料問屋には、様々なホーロー看板がちょっとした博物館のように、至る所に掲示されている。ここの店主とは以前にも顔を合わせていたようで、看板をじろじろと覗き見していたら「お茶でもどうぞ」と、なかへ招き入れられた。

先の〈キンチョール〉の看板も含めて、80年代頃までの五日市街道は、ああいった野天の広告看板の宝庫だった。道の拡幅工事などで消えていったわけだが、ここの店主もそんな郷愁を発端にホーロー看板の収集を始めたらしい。

最後に、昔の五日市らしい山間集落を眺めていきたい。上町から養沢方面へ行く西東京バスに乗って西戸倉で降りる。北側を流れる秋川の橋を渡ると、山の斜面に星竹《ほしたけ》の集落が小ぢんまりと存在する。

星竹という地名もなんとなくロマンチック（七夕の物語などをイメージさせる）だが、袋状の道筋に玉石垣や年季の入った塀に囲われた、山里らしい古家が並んでいる。急坂の途中にある小さな神明社の祭りでは、土地独特の獅子舞が演舞されるらしい。

とある屋敷の蔵の屋根下に、大きなスズメバチの巣が何かの飾りのように下がっていた。

日の出町

塔婆を作る羽生さんの集落

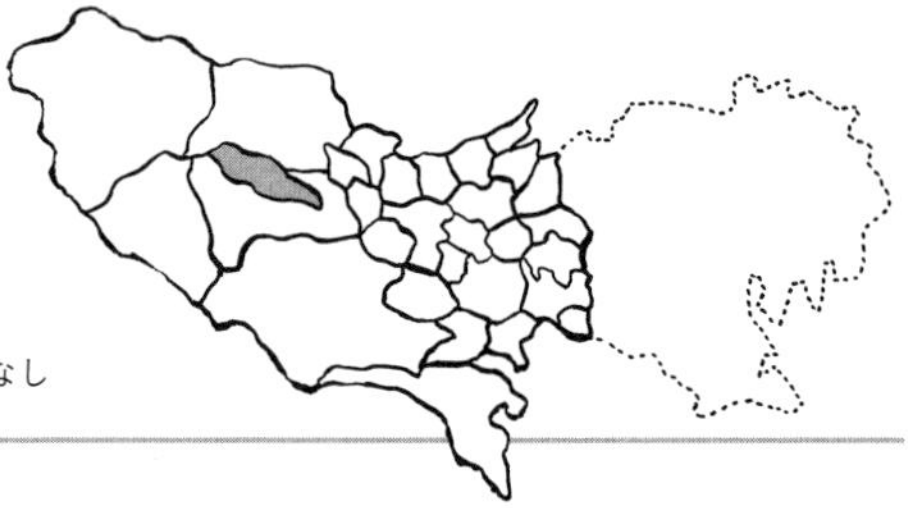

◆面積／28.07㎢
◆人口／17,317人
◆主要な鉄道駅／鉄道路線はなし

多摩地区には市町村レベルでいうところの「町」が3つある。瑞穂町、奥多摩町、そして日の出町。地図で見ると、あきる野市と青梅市の間に〝膵臓〟のような感じでひっそり存在している。

五日市線の武蔵増戸に近い東部には、平井《ひらい》という割と大きな集落があるけれど、今回まず歩こうと思ってきたのは武蔵五日市の駅からちょっと北へ上った大久野のあたり。この付近には、幸神神《さちかみじん》社《じゃ》のシダレアカシデの老木をはじめ、渋い史跡が多い。

前回やってきた武蔵五日市の駅前から「つるつる温泉」行きのバス（西東京バス）に乗る。そう、この〝つるつる温泉〟ってところも日の出町西端の山間部にあるので、散策の最後に浸かっていこうと考えている。

さて、乗車したバスは秋川街道を北上、前回歩いた三内の山道の入り口を右に見て、日の出町の領域に入る。幸神と書いてサヂカミと方言調に読ませるバス停で降車、道をちょっと後戻りして、東方の羽生集落へ行く横道に折れた。羽生はハブと読むのだが、ここはお墓に供えるあの塔婆の名産地、と昔の東京案内書（『東京風土図』）に書かれている。

「ここの上羽生、中羽生、下羽生には、構えのりっぱな資産家が多くある。中羽生では塔婆の製造をしている。この大久野付近の山地は、塔婆の材料であるモミの成育に適しているので良質のモミ材が生産される。モミは材質がもろく腐食しやすいため建築用材としては向かないが、地膚が白く墨の吸い込みがよいので文字を書くのに適している。それで古くから葬具や墓に立てる塔婆などに用いられている」

卒塔婆と人形

もう50年も前の話だから、どうかな……と思いつつ、道端に小川が流れる素朴な田舎道を奥へと行くと、左手に大きな蔵を置いた、なんとも立派なお屋敷が見えてきた。向かい側がお寺なので、一瞬こちらも寺の建物……と思ったが、表札をよく見ると「羽生」とある。そして、その先にも「羽生」の表札を掲げた、手前の家に引けをとらない大屋敷が並んでいた。

長屋門の傍らの庭径のようなところを入っていくと、突きあたりに工場があって、どうやら塔婆の材木を製造しているようだ。そうか、まだこのあたり、塔婆生産は続いていたのだ。もう1軒先の工場では、60代と30代見当の父子と思しき2人の男が塔婆の板に経文をスクリーンで刷りこむ作業をしていた。

「昔は筆でいちいち書いてたんだけどね。それで、この辺の畑に並べて天日干ししてた。材料のモミの木も少なくなって、いまはほとんど輸入してんですよ、中国とかドイツあたりから」

中国はともかく、ドイツのモミが日本の塔婆に使われているとは知らなかった。

この辺の塔婆作りは江戸の元禄の頃から始まったという説もあるが、活況を呈しはじめたのは主に明治時代。地名と同じ羽生家がその代表一族で、明治15年の大火後に建てられた家屋や蔵もいくつか残されている。僕があたりを歩いたのは、8月のお盆前のまさに書き入れ時だったようだ。

塔婆屋の羽生家の奥にはもう1軒、羽生人形店というのがあった。

工場内で作られた塔婆。かつては1枚1枚筆で書いていたという。

羽生家には蔵もある。立派な石造りの壁と石垣が繁栄と歴史を今に伝える。

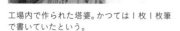

ひな人形、五月人形、羽子板、弓はま、と看板に記されているが、残念ながらシャッターが閉まっている。

「いまはオフの時期なんだよ。羽子板や弓はまを売る暮れの11月頃から、ひな人形、五月人形の季節までは開いてますよ」

向かいで草刈りをするおじさんが教えてくれた。山間の塔婆と人形店の集落……なんとなく角川ミステリーの舞台を思わせる。こんどは羽子板や人形のシーズンに訪れたい。

藤太橋の理容所

幸神神社へ行こうと、先の秋川街道まで戻ってきたとき、道端に出たとある看板が目にとまった。多摩の地酒を揃えた酒屋の看板と並んで〈昭和三年創業 藤太軒理容所〉というのがある。男女の従業員を描いたイラストはイマ風のタッチだが、昭和3年の創業で藤太軒——の屋号というのは興味をそそる。看板の指示どおりに脇道を進んでいくと、酒屋の隣りのちょっと奥まった場所にクラシックな洋館の趣きを漂わせて藤太軒《とうたけん》理容所は建っていた。

年季の入った木のドアを押して、なかを覗きこむと看板イラストのモデルと思しき男女（ご夫婦か?）が仕事をしていた。板床の上に配置された2つのイスに、いずれも小学生くらいの男の子が腰かけて散髪されている。うーん、いいねぇ……僕の子供時代の床屋にタイムスリップした気分だ。とはいえ、たまたまラジオで流れていた星野源の曲について、子供が店主に説明しているのは紛れもなくイマドキだ。

店主の手が空いたのを見計らって、何より気になる「藤太軒」の名の由来を尋ねる。創業者の名前か？ と踏んでいたら、隣りの酒屋の脇にかつて藤太橋というのがあった、というのがもとらしい。その場所には、往時の石橋の残骸が保存されて、謂れ書きも出ていた。

「この橋は今から去る一千有餘年前の天慶の乱の史蹟である――」と始まって、藤原秀郷と平将門の戦の模様が書かれているが、

「藤太軒理容所」。昭和初期のモダン風味を漂わせた格別の佇まい。

橋の名はどうやら、「田原藤太」という秀郷の別称に由来するようだ。しかし、そういう古い伝説よりも、昭和初めの理髪店開店時に「藤太橋」の地名がかなり浸透していたということだろう。ちなみに、この藤太橋跡のすぐ裏方に武蔵岩井まで行っていた五日市線支線の大久野駅があった。

つるつる温泉

そんな支線跡にそうように古道を進んでいくと、幸神神社がある。境内のちょっと低い所にあるシダレアカシデは、無数の枝がクネクネとヘビのように屈曲した、確かにユニークな佇まいの古木だが、さほど高さもないので、うっかりしていると見過ごしてしまう。

この道をずっと進んでいくと、岩井橋の手前で「つるつる温泉」の方へ行くバス通りに合流する。岩井橋の向こうには、現在「太平洋セメント」の社名となった、昔の日本セメント、さらに遡ると浅野セメントの広大な工場が存在するが、先の五日市線支線の終点・武蔵岩井駅はここの門前にあった。つまり、セメント工場の資材運搬を目的にした貨物線であり、前身の五日市鉄道時代の運営には浅野セメントが大いに関与していた。

ほんの2、3年前まで朽ちたホームが残されていたというが、いまはまっさらの駐車場になっている。

実は、当初あの中曽根総理がレーガン大統領を招いた「日の出山荘」へも立ち寄ろうか……と思っていたのだが、公共交通のルートがない。この辺から北方の山を越えた向こう側、と聞いたが、1時間近く山道を歩かなくてはならないという。雲行きも怪しくなってきたので、いつかまた車で訪ねてみよう。

岩井橋の停留所で、ほぼ1時間に1本のつるつる温泉行きのバスを待って乗車すると、左側に平井川の流れが見える崖際の道を山の奥へと入っていく。この辺の車窓越しにも時折、塔婆らしき格好の材木を並べた工場が見えるが、どこも羽生の家と同じく、寺のような門構えの立派な日本屋敷を備えている。塔婆屋はそれほどもうかるのか？　そういう荘厳な家構えにするのも、塔婆を扱う家の一つの流儀なのかもしれない。

肝要、なんていう重要そうな名前のバス停を通りすぎて、終点のつるつる温泉に到着した。

「つるつる温泉」の名称の前に、〝生涯青春の湯〟なる、生命保険みたいなキャッチフレーズが付いている。実は前回のあきる野の締めにも「瀬音《せおと》の湯」という温泉施設に立ち寄ったのだが、最近はこういう日帰り型温泉というか、郊外型スーパー銭湯みたいなスポットがちょっとしたハヤリのようだ。ここは3時間820円で、それほどバラエティーに富んだ風呂はないけれど、レストランには「秋川牛の朴葉焼定食」なんて、なかなか凝った地場モノも用意されていた。

そして、驚いたのは帰路のバス。昔のトレーラーバスの構造の〝機関車バス 青春号〟なんてのがバス停で待ち構えていた。男性車掌が乗務していて、沿線のちょっとしたガイドなんぞもしてくれるのだが、乗っているのは僕1人。ま、休日にはけっこう混み合うのかもしれないが、なんとも贅沢な締めくくりとなった。

武蔵五日市駅とつるつる温泉を結ぶバス「青春号」。機関車を模した車体が愛らしい。

中曽根氏の隠れ家へ

日の出町というと、かつて中曽根総理がレーガン大統領を招いた日の出山荘を思い浮かべる人も多いようだが、ここは路線バスの便も悪くて以前（連載時）は回れなかった。

その後、編集者のK君がレンタカーを手配してきた（僕も車は持っているが運転するのがメンドくさい）ので、改めて訪ねることにした。2018年の4月、日の出町には近頃、立派な大仏が完成したそうなのでこれも眺めておきたい。

八王子から新滝川街道を通って（圏央道の日の出ICで降りてもいいが）、サマーランドの横を北上して日の出町へ入った。この日はあいにくの雨降り。大仏のある秋川霊園の近くを先に通りがかったが、まずは山奥の日の出山荘の方へ行ってしまおう。

秋川街道の坂本の三叉路を左手の支道へ進み、北大久野川の流れに沿うように山道を上っていくと、道がかなり頼りなくなってきたあたりに日の出山荘入り口の看板が出ていた。平日の雨の日だから、大して観光客もいないだろう……と思っていたら、駐車場にマイクロバスが停まって十数人のグループがぞろぞろ降りてきた。フロントの札に〈多古町〉とあったから、千葉の成田の奥の方からやってきたのだろう。

「中曽根康弘・ロナルドレーガン　日米首脳会談記念館」と掲示された玄関口の先に、ちょっとした受付と売店（中曽根氏の句集なんかを売っている）があって、山斜面に築かれた庭園を見下ろすように、青雲堂、天心亭、書院、という3つの棟が配置されている。なかでとりわけ外観に趣きがあるのは、青雲堂と名づけられた茅葺きの家屋。1983年11月11日、到着したレーガン夫妻を前に主人の中曽根氏が抹茶を点ててもてなした場所で、嘉永年間（1850年頃）築の古民家を移築したものらしい。いまの安倍総理のオヤジさん（安倍晋太郎）や竹下登元総理らと、この座敷の囲炉裏を囲んで話しこんでいる写真パネルなどが張り出されていたけれど、中曽根氏がここに別荘を建てたのは1961年というから、けっこう古い。まだ「日の出村」だった時代だ。東京オリンピックよりも前にこういう素朴な山の隠れ家に目をつけた、というのはなかなか〝先見の明〟があったといえるだろう。

上：「日の出山荘」青雲堂。茅葺きの屋根が歴史を物語る。 下：庭には朽ち果てたプールがある。中曽根氏が在任当時、ここで泳ぐ姿はたびたび報道された。

中羽生屋敷、再訪

山荘を出る頃には雨もあがった。秋川街道を下った「かやくぼ」の交差点の奥には、前に訪ねた羽生の集落がある。一角に見つけた「羽生人形店」。当時は夏の盛りのオフシーズンで店は閉まっていたが、五月の節句前のこの日は開いている。五月人形や兜飾りが目につくが、件の「日の出山荘会議」の折、中曽根総理からレーガン大統領に寄贈された羽子板、なんてものも展示されている。なるほど、あのイベントはまさに「町を挙げて」という感じのものだったのだ。

――人形店はいつ頃からですか？

おかみさんに尋ねると、

「うちはそんなに古くはないんですよ、大火の後からですから……」

前回書いたように、その〝大火〟というのは明治15年のことだから充分古い。火事で焼ける以前は油屋だったので、いまも「油屋」の屋号で呼ばれているらしい。

羽生姓の家は塔婆作りや林業を営んでいるようだが、「昔話だっ

「羽生人形店」では羽子板も扱う。最近あまり見かけなくなった見事な文様の羽子板だ。

たら中羽生《なかはぶ》さんを訪ねたら……」と、おかみさんがアポを取ってくれた。武家屋敷のような立派な長屋門を構えた「中羽生」というこのお屋敷、昨夏の取材でちょっと立ち寄った所だ。母屋の方から現われた男性も見憶えがある。あのときはほんの立ち話だけだったが、今回差し出された名刺を一見して「へーっ」と感心した。

「塔婆　護摩札　製造販売元
八代目　羽生文右衛門」

とあって、横に小さく「羽生岳史」と添えられている。つまり、岳史が実名で「文右衛門」という初代の一種の商号を継承しているのだ。そしてこの名刺、塔婆の材料のモミの皮で作られている。

「塔婆作りを始めたのは元禄の頃と聞きます。初代の文右衛門という木挽きの男とお伊勢参りに行く途中、遠州の浜松のあたりで道端に倒れている坊さんに出くわして介抱してやった。その坊さんから、モミの木の産地だったら塔婆を作って江戸で売ればいい、なんて勧められたのが始まり……という一説があるんですよ」

そんな民話じみた発祥譚を教えてもらった。ところで、ほんの数日前に一族が寄り集まって、近くの山中にある墓を参る、〝ご先祖祭り〟というのが執り行われたらしい。一族と聞いて、ふと気になったのが、八王子あたりの出身という将棋の羽生善治名人。スケートのハニュウはともかく、この人は音もハブだし、地理的に近いし、もしや御親戚……と想像をふくらませたのだが、文右衛門主人の知るかぎり、あまり関係ないらしい。

鹿野大仏デビュー

再訪した羽生集落を後に、出来たてホヤホヤの大仏様へと向かう。日の出町役場の東方にある宝光寺《ほうこうじ》が裏手の秋川霊園脇の山の一角に建造したそれは「鹿野大仏《ろくやだいぶつ》」と名づけられている。鹿野と書いてロクヤと読むのだが、室町時代に湧き出る泉で鹿が傷を治した……という伝説の〝鹿の湯〟という小さな温泉場があった（いまも湧泉地は存在する）。

霊園の傍らから整備途中の山道を数百メートルほど上っていくと、黒光りした大仏像が林間に見えてきた。真新しいのでカーボンセラミックっぽい質感に見えるけれど、素材は銅らしく、高さ（仏身高）は12メートルで、これは鎌倉大仏より1メートル高いという。ちなみに入り口の説明書きに「日本三大仏に数えられます……」と公開まもないというのに大それたことが書かれていたが、他の2つはどこの大仏なのか？　ま、1つは鎌倉として、もう1つは牛久か、板橋の東京大仏か……思い浮かべたが、どうやらあと1つは奈良のようだ。つまり、己のことはさておき、歴史を重んじているのである。

この大仏はまだ山景色のなかに溶けこんでいないけれど、大仏前からの眺望はなかなかいい。見渡した麓の町の向こうに昨夏ひとり寂しく訪ねたサマーランドの観覧車を発見して、なつかしい思いがした。

バックのロケーションが見事な鹿野大仏。大仏建立は、昭和の終わりの頃からの、住職の悲願だったという。

HINOHARA-MURA

檜原村

モノレールで行く山上の古民家

◆面積／105.41㎢
◆人口／2,083人
◆主要な鉄道駅／鉄道路線はなし

檜原村は、伊豆南方の島嶼《とうしょ》部を除けば都内唯一の村だ。ここへ行くにも武蔵五日市が玄関口になる。

このところ何度も来て、すっかりなじんだ感じの五日市駅前から藤倉行きのバスに乗る。檜原街道を十里木《じゅうりぎ》、荷田子《にたご》と進んで、和田向《わだむかい》の停留所のアナウンスが始まろうとするとき「ここから檜原村に入ります」という前置きが付いた。西東京バスは路線バスながら〝観光〟の性格も強いバスなので、山王前《さんのうまえ》の停留所の案内に「山の王様が住んでいたという……」なんて短い解説が入ったりするのが楽しい。バスはその次の本宿役場の先のT字路を右に曲がって、僕らは払沢《ほっさわ》の滝入口で降車した。

僕ら、というように、今回も山歩き好きの編集者・K君が同行している。檜原村の散策、まずは払沢の滝から始めたい。奥多摩地区にはいくつかの滝があるけれど、この滝は都内随一の本格派の滝、と誉まれ高い。そして、僕は小学生の頃、確かここに昆虫採集をしにきたのだった。

払沢の滝のミスト

入り口の脇の豆腐屋（ちとせ屋）で濃くてウマい豆乳を立ち飲みし（試食した豆腐も卯《う》の花ドーナッツもおいしかった）、滝への小径に入っていくと、思っていた以上にミヤゲ物屋や食堂が並んでいる。奥の方に郵便局の看板を付けた、薄緑色のシャレた木造洋館が見えたが、これは街道ぞいで檜原村郵便局として親しまれてきた旧館（昭和4年築）を移築したものらしい。

本日は時折雨の降るあいにくの日和だが、滝までの小径は路面に滑り止めの木屑が敷かれているので歩きやすい。左手には澄んだ谷川が流れ、水しぶきをあげて落下する小さな段差も見受けられる。早足で20分ほど歩いて、滝の間近までやってきた。

崖上の方から数えると、4段62メートルに達する落差だというが、ここから眺められる最下段の滝だけで落差26メートル、というから

払沢の滝の前に立つ筆者。「日本の滝百選」にも選ばれている、東京を代表する名瀑だ。

大したものだ。手前の岩場に立っても、跳ねあがった滝水のミストが漂ってきて実に涼しい。

滝の前であたりを見渡しながら子供の頃の風景を回想する。滝のすぐ向こうの谷川が始まるあたりの景色……なんとなく見憶えがある。あれは小2か小3の夏、父に連れられて、弟と3人でやってきたのだ。谷川の上を飛ぶオニヤンマを見つけて僕が網を振り回したとき、差し込み式のつなぎ棒の部分が川に落下してしまった。オタオタしているとき、父が果敢に川のなかへ入っていって、見事つなぎ棒を回収した。いや、岩場の上から手をのばして、岸にひっかかっているのを器用につかみとった……ような気もするのだが、ともかく、父に「男を見た」一齣《ひとこま》として脳裡に刻まれている。

本宿の口留番所

街道を本宿の交差点の方まで引き返す。橘橋が渓谷に架かっているが、先の虫採りの帰りがけ、この橋の上でタカネトンボという金属光沢のあるレアなトンボを網に収めたのだ。いまの橋とは雰囲気が異なるが、橋脇の解説板に掲示された先代のコンクリート橋（昭和18年築）の佇まいはどことなく思いあたる。

このあたりは檜原村の中心地で、村役場のイメージには程遠いビル建ての庁舎が建っている。

その一角に「武州檜原村口留番所跡」の謂れ書きがある。江戸幕府が街道に置いた番所というのは各地に存在するけれど、この「口留」は〝きびしく口どめされる〟ということではなく、地形的な〝口元〟を意味するようだ。つまり、山へ行くどんづまりの番所、というわけ。

「関守は、檜原村の里正であった吉野九郎右衛門……（以後はその子孫）」と書かれているが、向かい側の大名屋敷のような館の門に「吉野」の表札が出ているから、その後継のお宅に違いない。

橘橋の先の渓谷際の店で地場のヤマメやアユの定食を腹に入れ、吉野邸の前の本宿役場の停留所でバスを待つ。ここには南西部の数馬へ行く路線も来るが、数馬《かずま》はこれまで何度か訪ねているので、今回は北西部の藤倉をめざす。藤倉の先からモノレールで上っていく古民家の探訪が今回のハイライトなのだ。

山岳バスの山ガール

駅から朝方に1度乗った藤倉行きのバスは、払沢の滝入口を過ぎると「やすらぎの里」という施設へ立ち寄っていく。石坂浩二や加賀まりこが出ている同名（里は郷の字だが）のテレビドラマをやっているけれど、ここもあのドラマと同じく診療所や温泉付きの高齢者向け保養施設のようだ。
しかし、そこで降りる老人客はなく、なぜかこのバスは若い女性のグループが多い。ハヤリの山ガール、ってやつだろうか？　崖下にはキャンプ場も散見できるが、過ぎゆくバス停の名称も相変わらず魅力的だ。千足《せんぞく》、神戸岩入口《かのといわいりぐち》……西東京バスは、車内のバス停案内に読みまで掲示されるのがありがたい。数馬へ行く路線には人里《へんぼり》、笛吹《うずしき》なんていう、強い訛りがそのまま定着したような難読バス停がある。

3人組の女子高か女子大生くらいのグループは小和田坂という山間のバス停で降りていったが、目当てのキャンプ場でもあるのだろうか。近くに、新興宗教チックな寺があったのもちょっと気になった。小岩、竹窪……山は段々と深くなっていく。下除毛《しもよけ》という、字面からしてユーモラスな停留所を過ぎると、終点の藤倉。ここで、先の3人組より若干年上のOL風3人組がキャッキャッとはしゃぎながら降車した。

ここからおよそ30分歩いた一角に、小林家住宅という重要文化財

藤倉のバス停。檜原村最奥のこの集落にバスが来たのは、1980年代後半のことだという。

檜原村には難読地名が多い。藤倉の1つ前には「下除毛」というユーモラスなバス停が。

指定の茅葺き古民家へ行くモノレールの乗り場があるという。予約制で日中1時間に1回ペースで運行するというそれを、僕らは午後1時に予約した。時刻は12時20分、さほど余裕もないので歩き始めると、ＯＬ３人組も後方からついてくるから、おそらく同じ目的なのだろう。還暦過ぎながら、にわかに胸がときめいた。が、10分も歩いた頃、セミの声に紛れるように女性たちの声は消え失せた。焦りながら、遅れてやってくるのではないか……とも思ったが、モノレール乗り場で待っていても、僕ら以外、人の気配はなかった。

このモノレールの乗り場、一応「総角沢モノレール駅」という名が付いているそうだが、これといった看板もなく、山斜面に急勾配の細い軌道がヘビのように這っているだけだ。羽田へ行くモノレールのような大型の高架軌道線ではないから、一般的にはケーブルカー、といった方がわかりやすいかもしれない。

僕よりはるかに上世代の老人が運転するモノレールは8席（補助席を入れると10席）あって、ジェットコースターのように安全ベルトをカシッと装着して、乗車する。

「最大斜度43度、あるんですよ」

速度はゆっくりだが、この斜度はハンパじゃない。杉が繁った山斜面を、時折かなり急なカーブを切りながら、10分余りかけて上ってゆく。途中でグッと空気が冷えこんできたが、到着地の標高は約７５０メートル。すぐ向こうに、霧というか、雲に霞んだ茅葺きの建物が見える。

小林家は長らく炭焼きをやっていた家で、保存された母屋は18世紀前半くらいの建築、と推定されるらしい。僕が昔から愛読している昭和32年の刊行『世界文化地理大系 日本Ⅱ 関東』(平凡社)に、この辺の山道を炭俵を引き歩く親子の写真を載せて、こんな解説がある。

「東京都下西多摩郡檜原村は、まだ電灯のない部落である。多摩川上流の一支流北秋川の渓谷にそったこの部落は、東京都に含まれてはいるものの〈陸の孤島〉とでもいえようか。暮しの大部分は炭焼きであとは山肌のわずかな段々畠だ。しかし、小河内ダムが完成すれば電灯もひかれ、観光道路も開通されることになっているという」

モノレールの運転をしていた男とともに、この住宅まわりの世話をしている老人が、「昭和34年に電灯がきて、35年に電話が通じた」と教えてくれた。ちなみに、この家は平成20年まで小林家の人が生活していたが、その後解体、3、4年の歳月をかけてオリジナルの茅葺き屋に復元された。茅は阿蘇の麓や静岡の東富士演習場近くのものを使って、京都の職人が葺き替えたという。モノレールは、復元工事で資材運搬に使ったものを観光用にリニューアルしたらしい。

陣馬尾根と呼ばれる山上の平坦地に建つ小林家住宅、さぞや晴れた日の眺望はいいのだろうが、流れこんできた雲に霞んだ景色も神秘的だ。それにしても、あのOL3人組はどこへ雲隠れしてしまったのだろう。

上：小林家住宅へ向かうモノレール。奥多摩の山間には荷物運搬用や作業用のモノレールが散見されるが、旅客用になっているものはまれ。 下：小林家住宅。1978年に重要文化財に指定。

青　梅　市

映画看板の街道と東京炭鉱

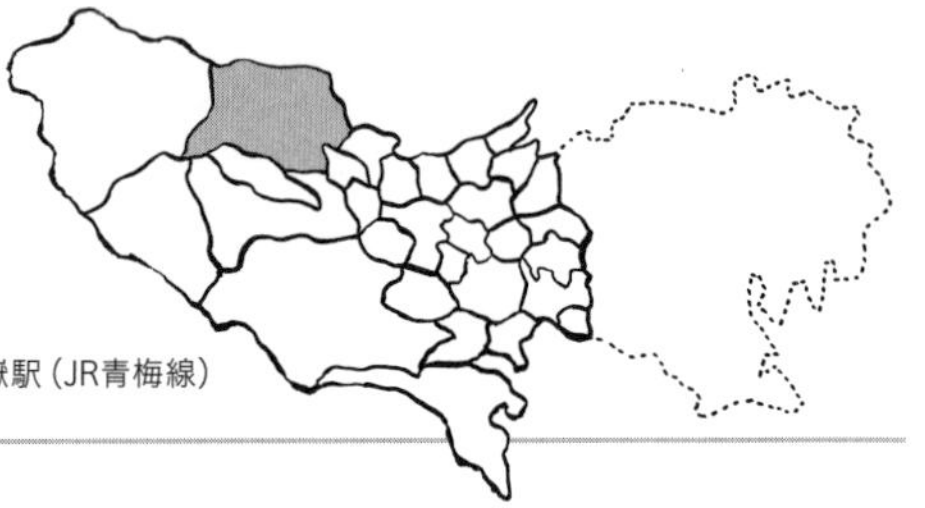

◆面積／103.31㎢
◆人口／135,249人
◆主要な鉄道駅／青梅駅、御嶽駅（JR青梅線）

多摩の北西部の中心地・青梅《おうめ》は石灰岩の採掘や織物業で栄えた歴史の深い町だ。五日市線と較べて中央線の直通運転も多いので、都心部からも割と行きやすい。

僕はこれまで何度か訪ねているけれど、だいたい青梅の１つ手前の東青梅からアプローチする。駅の北口に出て旧青梅街道に入ると、さっそく旧街道らしい古い建物が目にとまる。〈引菓子 酒まんじゅう 松乃屋〉なんて素朴なトタン看板を出した和菓子屋、そのちょっと先に三菱のマークを掲げた、古めかしいコンクリートの廃屋が残されていた（なんでも戦前の三菱石油系のガソリンスタンドらしい）はずだが、おや？ 壊されてしまったか……と、あたりをよく見たら、ネットの覆いが被せられていた（取材後、姿を消した）。

映画看板の町並

踏切を越えた先にも〈明治10年創業〉と謳った洋館づくりのパン屋がある。「火打屋本店」という屋号がおもしろい。看板を眺めていたら、店の女性が出てきて「最初は火打石の鍛冶屋をやっていた……」と教えてくれた。「こういうパン屋になって70年」というから、戦後鞍替えしたのだ。どうやら彼女は僕の本などを読んでくれているらしく、一緒に記念写真を撮ったら、名物のコッペパンを1つおみやげにくれた（オヤツに食べたが、ピーナッツクリームが程良く挟まれていて実にウマかった）。

西分町《にしわけ》のあたりから、青梅名物の映画看板がぽつぽつと見受けられるようになってくる。張り出されてからもう20年余りになるのだろうが、昭和30、40年代の町角によく見られた、なつかしい画風の映画看板が店の屋根や側壁……を飾っている。かつて、この町の映画館の宣伝看板を実際に手掛けていた、久保板観《くぼばんかん》という画家に依頼したのが発端と聞いたことがある。

さらに、赤塚不二夫や昭和レトロをテーマにした博物館……と、映画看板による装飾を皮切りにノスタルジックな町づくりがすっかり定着した。

裏宿の健脚義賊

そして、背の低い町並に、いいアクセントをつけているのが神社の鳥居。東青梅の方から歩いてくると、道の右側に所々鳥居が立っていて、その奥の青梅線を渡った丘上に神社が置かれている。川（多摩川）と山に挟まれた細長い所に、青梅街道と青梅線が敷かれて町ができあがった。「帯の長宿」という青梅の愛称が実感できる。

青梅の駅前を過ぎて、仲町、上町と町の西端へ進む。森下町に旧稲葉家住宅という、材木問屋や青梅縞《じま》の仲買いを営んできた古屋敷が保存されているが、やってきた本日は月曜日で、資料館の類いはことごとく休館なのだった。ま、この町はミュージアム

古い映画看板が目立つ青梅市街。住吉神社前のバス停には、ずばり「バス停留所」の看板。

に入らなくとも見所は多い。

裏宿町というのが、青梅市街地の西端にあたる。青梅の裏宿といえば、裏宿七兵衛。中里介山の『大菩薩峠』によってポピュラーなキャラクターとなった江戸中期の義賊である。彼の生誕地とされる一角は公園（七兵衛公園）化されて、その超人的身体能力がプレートに記されている。

「彼はまれに見る健脚の持ち主だったそうで、その自慢の健脚を生かして、はるかな遠方で盗みを働き、一夜のうちに帰ってきては朝から何食わぬ顔で畑仕事に精を出したので、周りの人は誰ひとりとして気づくことはなかったという」

こういうヒーローのキャラ付けは海の向こうのスーパーマンなんかと一緒なのだ。

この裏宿という町は、昭和30年代当時まで「青梅傘」という和傘（番傘）の生産で知られていた。もはや傘屋は1軒きり残っていないが、以前界隈の古い家で傘作りをしていた頃の写真を見せてもらったことがあった。

西分神社の鳥居。両側の商店にまでせり出しているのがおもしろい。

低い軒の商店が連なる旧青梅街道。古い街道の雰囲気を伝えている。

「腐らせた渋柿の汁で色付けをするので、ものすごいニオイがたちこめていた……」なんて話が印象に残っている。

青梅の駅の方に戻って、贔屓のカフェに立ち寄ることにする。青梅線の上をまたぐ東寄りの橋の際にある「夏への扉」という店。ここは以前この平凡社のウェブで連載していた『東京ふつうの喫茶店』の取材で訪ねて以来、青梅に来るたび覗く店。一見、ジブリのアニメに出てくるような木造洋館は、戦前に眼科と耳鼻科をやっていた医院の建物らしい。珈琲はもちろん、僕はここの野菜カレーのファンなので、まだ11時前だが早めにランチを食べてしまおう。開いた窓から、秋の蝶・イチモンジセセリが入りこんできた。

成木の安楽寺

橋の南方、住江町の仲通りはひと昔前まで遊郭が集まっていた界隈で、いまもぽつぽつと面影を残す建物が見られる。旧青梅街道に出て、すぐそばの住吉神社前の停留所（待合小屋がある）で成木《なりき》の方へ行くバスを待った。が、ふと思いたって、1つ先の西分二丁目バス停の方へ歩き始めた。前に橋本屋旅館という明治時代から続く宿に泊まったことがあったが、さっき歩いてきたとき見当たらなかった。もう1度在り処を確認すべく、そちらへ歩いていったら、「あら、泉さん……」、見憶えのあるご婦人に声を掛けられた。

僕と同年代、いやちょっと上くらいの彼女は紛れもなく旅館の女主人、正確には若おかみだった方である。

――旅館、閉めちゃったんですよ、3年前。

――あー、そこでしたよね？

すぐ横の「そこ」のあたりは、小さな駐車スペースを設けた一般民家に変貌していた。僕が紀行取材で宿泊したのはもう15年も前のこと。90を過ぎた先代のおじいちゃんが昔話をしながら、手に持った電気シェーバーをウィーンウィーンと意味なく作動させてしまうのが愉快だった。

北方の山間部・成木や小曽木《おそぎ》地区を循環するバスに乗る。この辺は西東京バスではなく、なぜか都バス（飯能方面へ行く西武バスも）のテリトリーなのだ。乗車したバスは東青梅駅の手前で成木街道へ曲がり、柳川の先から新吹上トンネルをくぐって成木の集落に入った。青梅街道はそもそもこの成木の山から、江戸城の白壁用の石灰を運搬する目的で敷設された道、とされている。落合橋が架かる成木5丁目の交差点から北西方の上成木へ行く路線もあるけれど、このバスは成木川に沿うように東の飯能市の方面へ進んでいく。

成木二丁目自治会館前で降車して、左手の滝坂橋の方へ入る。スマホでこの辺の川べりがホタルの名所……と検索されたが、ピークは7月上旬というからもう季節は過ぎている。坂を上った所に〈安楽寺通り〉の表示が出ていたが、山里の古道風の道をちょっと行くと、実に見事なスギ（ヤドリスギ）の老木が門前に聳える安楽寺がある。ここ、室町時代あたりから〝成木の軍荼利《ぐんだり》さん〟と呼ばれた軍荼利明王を祀った古刹で、茅葺きの長屋門などもなかなか趣きがある。

岩蔵温泉の宿

東方の参道口にある仁王門の脇を通って坂を下ると、再び先のバス道へ出た。すぐ横の停留所は成木一丁目自治会館前。自治会館とは昔でいう公会堂だが、広い成木地区は往年の字《あざ》単位で小さな公会堂が置かれているのが特徴だ。

ここからバスに乗って、南方の山の向こう側に位置する岩蔵温泉へ寄っていこうと思っていたのだが、1時間近く便がないので歩いていくことにしよう。

成木一丁目の交差点を右折、日影林通りという循環バスのルートの少し内側を進むルートをとる。途中、右手の崖上に垣間見えた西東京病院——昔風の白いペンキ塗りの立て看板とその向こうのクラシックな赤屋根の洋館が、どことなくサスペンスじみた雰囲気を漂わせていた。

小曽木街道に出て、ちょっと西へ行くと岩蔵温泉の入り口がある。黒沢川に架かる湯場橋というのを渡った先から、弓なりの道づたいに2軒、3軒の旅館が見えるが、一見して寂れている。下調べしたところでは、日帰り入浴は食事付きの高いコースしかなかったので、すーっと外から眺めるだけのつもりで来たら、「司翠館《しすいかん》」というのが〈入浴のみ700円〉の看板を出していたので、チャポンと浸かっていくことにした。浴槽は1つだけで、「つるつる温泉」や「瀬音の湯」のようなバリエーションはなかったが、平日の日中、入浴客は僕ひとり、それなりに満足した。

謎の東京炭鉱

さて、ここまで来たら、1つ先のバス停（青梅駅寄り）を目に留めておきたい。新岩蔵大橋交差点の所のバス停、東京炭鉱前というのだ。西武バスと都バスが停まるここ、都バスの方は「東京炭坑前」と表記していたり、また西武停留所の車道側の大きなプレートには「前」を取っ払った「東京炭鉱」と出ていたり、ディテールがバラバラなのもおもしろい。

炭鉱でも炭坑でも、そんなもんがこの辺に存在したのか……以前から不思議に思っていたのだが、どうやら泥炭や亜炭を採掘する坑道が新岩蔵大橋の奥の小山の一角に存在したらしい。

道の反対側の神社の傍らに見つけた、古そうな畳屋の戸を叩いたところ、80代見当の老夫婦が出てきて、いろいろと貴重な昔話をしてくれた。見せてもらった資料によると、炭坑が開いていたのは昭和35年まで。

「ウチの畑のすぐ脇に竪坑《たてこう》があったんだよぉ」と、畳屋のご主人はバス通りの向こうに見える森の方をなつかしそうに指さした。

しかし、昭和35年とは……もはや消え失せて半世紀以上。炭鉱と炭坑、表記が不統一なのもなんとなく頷ける。トウキョウタンコウという呼び名だけが、一種の地名として古い住人に認められているのだろう。

かつて都内唯一の炭鉱だったという「東京炭鉱」。今も周辺地域の呼び名として残る。

日向和田の「へそまん」

いまどきの青梅線は、ほぼ青梅の駅まで都心からの市街地が続いているが、ここを過ぎると車窓が一段と緑化して山岳鉄道の雰囲気を帯びてくる。奥多摩方面へ行く場合、多くの電車は青梅で乗り換えになるけれど、平日の朝方、乗客は登山スタイルの年輩と若者ばかりになった。

今回の最終目的地は御岳山《みたけさん》のつもりだが、まずは青梅から2つ目の日向和田で降りた。日向はヒュウガではなく、ヒナタと読む。ちなみに、この駅の名は開通時（明治28年）から日向和田といったようだが、多摩川の向こう側はかつて日影和田と呼ばれていたらしい。地図を見ると、確かに駅の場所は北側の山の南斜面で日当たりが良さそうだが、多摩川の向こうは南方の山の北側に当たっている。

さて、日向和田で降りてまず目につくのが〈へそまん〉の看板だ。名物へそまんじゅうを売る年季の入った店、売り場脇に「へそのを観音」なんてのも祀られている。温泉地によくある薄皮まんじゅうの類いだが、ふかしたてのやつはアンがトロッとしていて実に旨い。僕の傍らでバイシクルライダーがワイルドに立ち食いして、奥多摩方面へ去っていった。

駅前にもう1軒、「カネク」という大きな会社（工場も）が建っているけれど、ここは昭和の初めに沢わさびの生産から始まった一大粉わさびメーカー。わさびは奥多摩地区の名産品なのだ。

吉野梅郷《ばいごう》と沢井の酒

多摩川の神代橋を渡って少し行くと、突きあたった吉野街道の向こう側がいわゆる吉野梅郷。

梅林の中心地は「梅の公園」の名で整備されているが、いまの時期（9月）は当然季節はずれなのだ。〈よみがえれ梅の郷〉と記した幟が立っているが、そういえば数年前にここの梅はウイルスにやられて1度すべて伐採されたのだった。再生が徐々に進んで、この春3年ぶりに梅まつりが復活したという。

このあたりは町名も梅郷で、山里らしい趣きのある家が多い。梅を目当てに住居を構えたような人もいるのだろう。表通りの吉野街道へ出てくると、この道も前回と同じく都バスが走っている。反対側の停留所の横に昔ながらの消防団の鐘楼が立つ上郷から、吉野行きのバスに乗った。

終点の吉野まで、ほんの1キロちょっとの距離だったが、こういうローカルなバス路線を見つけると乗らずにはおれない。途中、沿道に吉川英治記念館なんてのがあった。街頭の案内看板に〈櫛かんざし美術館〉というのも見掛けたが、休日は御嶽の駅近くの玉堂《ぎょくどう》美術館まで行く都バスがこの道を走っているようだ。ま、奥多摩あたりにあそびに来ると、別に文学やアートに興味がない人でも、やることがなくなって吉川英治やカンザシや川合玉堂のミュージアムに入ってしまったりするのかもしれない。

都バスの吉野終点の先を右に曲がると立派な軍畑《いくさばた》大橋があって、もうすぐ向こうは軍畑の駅。この勇ましい地名は戦国時代の平家方と北条方の戦に由来するものらしい。左手に多摩川の渓谷を見下ろしながら青梅街道を西進していくと、沢井の駅近くにその名のもとともいえる清酒・澤乃井の小澤酒造がある。

石垣の向こうに白壁の蔵、茅葺きの棟などが並ぶ、一見して歴史を感じさせる造り酒屋。創業は江戸の元禄15年、「忠臣蔵・赤穂浪士の討ち入りの年に創業いたしました……」とチラシに出ている。古いばかりではなく、道を挟んだ多摩川側はガーデンレストラン風のスペースになっていて、川景色を眺めながら酒食を楽しむことができる。

ここに酒屋ができたのも、先のわさび屋と同じく多摩川の水がもとなのだろう。多摩川といっても、酒造りに使う水は右岸の柚木町の山麓に湧き出る名水をパイプで引きこんでいる、と聞く。酒蔵見学も催されているようだが、この種の見学は地方の観光でやりすぎてすっかり飽きてしまったので、先へ急ぐ。

歴史を感じさせる小澤酒造の建物。毎年秋には、新酒をふるまう蔵開きが開催されている。

御岳のケーブルカー

澤乃井の前から1キロくらいで御嶽の駅前。こちらの「嶽」は古い表記（町名は御岳）だが、入母屋の屋根に唐破風の軒を突き出した社殿調の駅舎は昭和5年の築という。
さて、御岳山に登るにはケーブルカーがあるけれど、ここからケーブルの乗り場までけっこうな距離がある。1キロくらいなら歩いてしまうところだが、地図をざっと目測して2キロか3キロ……。30分間隔くらいで出ている西東京バスで行くことにする。
ケーブル下のバス停から200メートルくらい坂（短距離とはいえ相当な勾配）を上った所にケーブル（御岳登山鉄道）の滝本駅がある。戦前にできたケーブル鉄道で、ほんのひと頃まで古ぼけた車両を使っていたはずだが、いまは発色も初々しい新車両（赤と緑の2種）になった。

車内アナウンスをぼんやり聞いていたが、滝本の乗り場が標高四百ウン十メートルで、上の御岳山駅が八百三十ウンメートル……といっていたから、かなり上る。しかし、さすがに先日の檜原村のローカルモノレールよりはずっと速く、10分足らずで山の上に到着した。

駅前は御岳平と呼ばれ、視界が開けた東方の崖端は望遠鏡が設置された展望台になっている。山一帯の案内板を眺めて、赤鳥居が置かれた武蔵御嶽神社の方へ行くルートに入った。この神社の場所が

先頃車両がリニューアルされた御岳登山鉄道（ケーブルカー）。ペット同伴可（有料）。

御岳山としての山頂（929メートル）になる。山頂に向かっているはずなのに、当初道はゆるやかに下っている。不安になって向こうから歩いてくる人に尋ねたら、これで正解らしい。すれ違う人たちのなかに、ミニチュアダックスフントを連れた女子グループがいたけれど、ここは「大口真神《おおぐちまがみ》」をもとにした〝お犬様信仰〟の山でもあるのだ。正確には、関東征伐に向かうヤマトタケルの道案内をしたオオカミの伝説が源らしいが、そのスリムな姿のオオカミを描いた神札を軒先に掲げた農家を時折見掛ける。参道には、そんな神札に似た犬のマークを添えて、〈愛犬のリードは必ず付けて歩いてください〉なんて注意書きをいくつか記したマナー看板も出ている。

「シクラメンのかほり」の山頂

参道はそのうち御師の集落のなかに入りこんだ。昔の神社詣での案内人、ツアーコンダクター的な役割を果たした御師の家、彼らが営む宿坊が狭い道づたいに並んでいる。寺社風の門を構えた老舗旅館ばかりの家もあれば、年季の入った茅葺きの家（ここは修復工事中だったが）もある。山の中腹の隠れ里のような雰囲気が興味をそそる。いつかこういう所に一泊してみたいものだ。

神社の手前は、5、6軒の食堂やミヤゲ物屋が並ぶ門前商店街になっている。見晴らしの良いそば屋で名物の「くるみそば」（くるみベースのツユに冷たいそばを浸して食す）を味わって、御嶽神社へ。鮮やかな朱塗りの壁が目を引く社殿、赤糸威《あかいとおどし》大鎧《おおよろい》や兜などの宝物を奉納した畠山重忠の騎馬像……と、見所はいくつかあるけれど、僕の目にとりわけ刺さったのは手水鉢の前に出た〈ペット用水場↓〉の張り紙と杓《ひしゃく》。それほど、ペット参拝（主に犬）でにぎわっているということなのだろう。

ところで、御岳山というとまず思い浮かんでくるのは、学生時代に初日の出を眺めにきたときのことだ。地元（新宿の中落合）の小学校時代の友人2人を連れて、確かまだ免許を取ったばかりの僕が運転する車（中古のコロナ）で、大晦日の夜更けに出発した。ともかくよく憶えているのは、日の出を待ちながらオデンなんかをつついていた食堂のラジオで布施明の「シクラメンのかほり」が何度も流れていたことだ。この曲がレコード大賞を取った1975年の大晦日から、76年の正月にかけての出来事に違いない。

武蔵御嶽神社の参道には、宿坊などを営む御師の門前町が形成されている。

愛犬祈願の多い武蔵御嶽神社では、ペット用の手水場も完備。

あの場所は神社のある山頂かと思ってやってきたのだが、イメージしていたほど視界が開けていない。そうか、やはりケーブル駅の横の御岳平の方か……。帰路のケーブルに乗る前にあたりをよく見ると、リフト乗り場の脇に食堂が2軒ある。そのうちの1軒に入って、店のオバチャンに昔初日の出を眺めにきたことを話した。

「そう、ここからだと右手の日の出山の向こうに昇るのよ」

なるほど、日の出山（日の出町）の名は、御岳山から見る日の出の方角に由来するのかもしれない。それはともかく、オバチャンの次の一言とともに、欠落していた光景がにわかに甦った。

「昔はその辺の広場にドラムカンを置いて、火燃やしてたのよ」

そうだ、暖をとるためにドラムカンでたき火をしながら、初日の出を待ったのだ。「シクラメンのかほり」がなんとなく焦げ臭いイメージとともに記憶されているのはそのせいだったのだ。

OKUTAMA-MACHI

奥多摩町

湖畔の珍名バス停

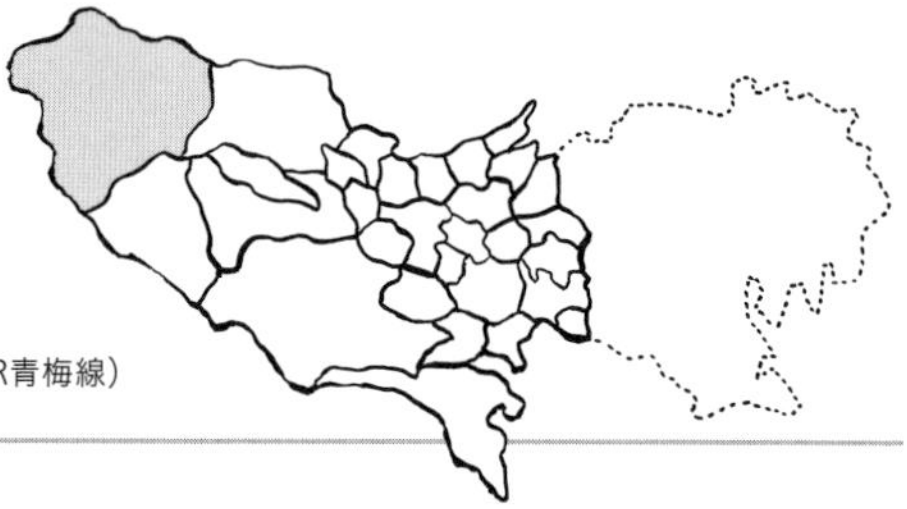

◆面積／225.53㎢
◆人口／5,054人
◆主要な鉄道駅／奥多摩駅（JR青梅線）

あきる野、日の出、檜原、青梅、と多摩の奥の方へ進んできたけれど、いよいよ最奥の奥多摩町を散策する。休日には〝ホリデー快速おくたま号〟という直通快速電車が中央線から走るので、9月下旬の土曜日、これでアプローチすることにした。

奥多摩の山小屋駅舎

三鷹で朝7時58分のこの電車に乗ると、奥多摩へ行く車両（前の方は武蔵五日市行き）は登山スタイルの乗客でいっぱいだった。青梅を過ぎると、もう次の停車駅は御嶽《みたけ》。ここで半分以上のお客さんがぞろぞろ降りていった。御嶽を過ぎるとまもなく奥多摩町の領域に入る。日本の山岳鉄道は川を左に見たり、右に見たり、左右の岸を行ったり来たりするケースがよくあるけれど、この線は律義にずっと左方に多摩川の渓谷を見せて進んでいく。

川井、古里《こり》、鳩ノ巣、といった駅を快速電車はすっとばして奥多摩の駅に到着した。9時17分の着だから、これでも三鷹から1時間半近くは要るのだ。

奥多摩の駅は僕が子供の頃は氷川《ひかわ》といった。改称は1971年だが、壁に丸窓などを付けたモダンな山小屋風駅舎は44年の開業当時の建物。それまで参詣客を運ぶ御嶽までだったのを延伸したのは、日原《にっぱら》の山の石灰石（セメント）の運搬が目的というが、44年（昭和19年）は戦時真っ只中の頃だから、これは軍事利用も大いに関係していたのだろう。

丹波行き西東京バス

古びた昭和調ミヤゲ物屋がぽつぽつと見受けられる駅前風景、昨夏も来たので見憶えがある。別誌の紀行取材(「大東京のらりくらりバス遊覧」)で日原の鍾乳洞へ行ったのだ。そんなわけで、今回そちらへは行かないので簡単に説明しておこう。狭い九十九折《つづらおり》の山道を進むバスの行程もおもしろいが、鍾乳洞も東京近郊では屈指の規模。竜王の間とか女神の間とか、さいの河原とか弘法大師学問所とか、洞内の各所に名が付けられて、テーマパーク風に仕立てられている。

さて、本日行こうと思っているのは奥多摩湖の方面。そちらへ向かう丹波《たば》（お隣りの山梨県丹波山村）の行き先を掲げたバスは、登山客が多いせいもあって2台編成になっている。バスは多摩川に沿うように青梅街道を進む。そう、都心側から来るとおや？　と思うが、こっち側も青梅へ向かって青梅街道と名づけられているのだ（甲府付近から）。

車窓に注意していると、時折右手の山斜面に高架線が垣間見えるが、これは小河内《おごうち》ダム建設の際に敷かれた貨物線（東京都水道局小河内線）の跡なのだ。バスは奥多摩湖の停留所手前でこの鉄道の架橋をくぐる。

東京の水がめ

奥多摩湖バス停で降りると、湖畔のすぐ向こうにダムの堤が見える。この小河内ダムと人工湖・奥多摩湖が誕生したのは1957年。その前年に生まれた僕は、小学校の社会科で「小河内ダムは東京の発展を支えた水がめ」として、崇めるように学習した。

「奥多摩湖をつくる工事は、昭和十三年からはじめられました。多摩川の谷間にダムをつくることは、大へんなしごとでした。ダムの工事をすすめるときには、この谷間にすんでいた五千人ちかくの人は、よその土地や、ダムの近くにすまいをうつしました。また、ダム工事のために七十九人の人たちが、いのちをうしないました」

上：奥多摩駅。山小屋風の外観にふさわしく、土曜の朝の駅は、登山客でにぎわっていた。
下：小河内ダムの築堤。現在では東京都の水源の約20％を占める（残りの大半は利根川水系）。

と、小4時の社会科副読本『わたしたちの東京』に書かれている。

この日はまさに秋晴れの天候に恵まれて、逆さになった山稜が湖面に見事に映し出されている。が、その湖底に昭和20年代頃までいくつかの集落が存在したのだ。湖の北岸の街道を歩いていくと、1キロほど先に熱海というバス停がある。ここもあの有名な観光地と同じくアタミと読むのだが、もとの集落は南方の湖底にあり、温泉の湧く場所だったのだ。熱海バス停すぐ横の石段を上った所に、旧集落から遷座された温泉神社が祀られている。

湯場・女の湯・雲風呂

ここで再びバスに乗ると、湯場、女の湯、と温泉地めいた停留所が続く。女の湯の発音はメノユなのだが、もともと女性が集まる湯場が存在したのかもしれない。

そう、奥多摩湖の周辺は珍名バス停の宝庫でもある。峰谷橋で降りて、橋の手前を右方の坂本集落の方へ入っていく。左側に湖の端っこが盲腸のように奥へと延びて、旧小河内小学校と中学校の下を通り過ぎると、雲風呂というバス停が立っている。

すぐ横に〈金鳳山普門禅寺〉と石柱を立てた寺があるので、石段を上っていくと、なかなか立派な楼門をくぐりぬけた先に本堂と見晴らしのよい境内が広がっている。なるほど、ここから湖の方を見下ろすと、まさに霧が低い雲のように溜まりそうな地形である。その様を風呂にたとえたのではなかろうか。あるいは、この辺も温泉地の関係かもしれない（湖の南方にも金風呂というバス停がある）。

雨降りの伝説

雲風呂橋と名づけられた吊り橋を横目に、車に潰されたヘビ（ヤマカガシか？）の死骸なんかが貼りついた道をもう少し上っていくと、次のバス停は「雨降り」。いまは閉めてしまったような店と民家が数軒並んだ小さな集落。バス停の脇で老婦が２人、立ち話しているので、声を掛けてみた。

――この辺、雨降りって地名、何か意味あるんですか？

「昔、お寺の坊さんがこの道上ってくると

普門禅寺から雲風呂の集落を見下ろす。なるほど、霧が溜まりやすそうな地形だ。

きに、雲風呂のあたりで雲が出て、この辺で雨が降ってきたって話があるんだけどねえ……」

　間も置かずに返答されたから、おそらく何度も尋ねられて馴れているのだろう。実は99年の春にバス旅の取材でこの地を初めて訪ねたとき、雑貨屋のオバチャンに地名の由来を伺ったことを自著『バスで田舎へ行く』（ちくま文庫）に書いている。ほぼ同じ説がそこに載っているから、もしやあのときのオバチャン（雑貨屋はもうないが）かもしれない。

　雨降りから500メートルくらい道を上った所に、こんどは「下《くだ》り」というバス停がある。「上り」というのはないから根拠はよくわからないが、これも、雲風呂→雨降り→天気が下り坂……みたいな連句なのだろうか。

　ちなみに、この区間を走る峰谷行きのバスは数時間に1本くらいの割でしかないので、また歩いて麓へ引き返す。雨降りのバス停の所では、まださっきの老婦2人が同じ立ち位置で話しこんでいた。次のバスまで1時間半くらいあるようだが、彼女たち、実際バス待

「下り」バス停。この付近の変わった名前のバス停は、某テレビ番組で特集されたことも。

「雨降り」のバス停。老女が2人バス待ちをしていた。

ちをしているのだろうか?

小河内神社のパワー

鮮やかな赤に塗装された峰谷橋を渡って短いトンネルをぬけると、小河内神社前のバス停がある。ここから湖の沖へ突き出した岬の一角に神社が祀られている。けっこう急勾配の坂道、60段見当の石段を上った先に鎮座する小河内神社は、湖底に沈んだ旧集落に祀られていた9つの社の11の祭神をここに集結したもの。歴史が浅いので、佇まいに趣きは感じられないが、ネットで検索すると、〝パワースポット〟関連の書きこみがずらずらと現われる。この日も、すぐ目の前で若い女性3人組が「パワーもらった、きたきた」なんて、わかりやすい歓声をあげながら参拝していた。

小河内神社前(前、というにはかなり距離があったが)のバス停からまた丹波方面行き(小菅の湯——の行き先を掲げたのもあるが、これも以前の〝つるつる温泉〟的なスパ施設のようだ)に乗って、向かうは留浦。ここここそ奥多摩町西端の集落といっていい。ちなみ

小河内神社。つくりは新しいものの、パワースポットとして人気を博す。

にこの留浦も〝とずら〟という、いわれないとちょっとわからない読み方なのだ。

この地名、甲州方面から都へ入ってくる者をチェックする口留番所（留めて面を調べる）に由来すると聞いたが、ここまで来ると傍らの奥多摩湖もだいぶ細くなって、上流は丹波川と名づけられている。

ずっと昼メシをがまんしてきたので、バス停横の定食屋「島勝」に入って、ヤマメ定食を注文。湖で獲れたヤマメの塩焼きも旨かったが、もう1つ、ビールのアテにもらった刺身コンニャク（自家製）が格別だった。奥多摩では沢のわさびとともに、山の急斜面の畑でも作れるコンニャクが古くからの名産なのだ。

帰路、丹波の方から来た午後2時近くの

留浦の定食屋「島勝」のヤマメ定食。とろろ定食も名物だとか。

バスは、すでに帰りの登山客で混み合っている。大きなリュックを背負った初老の男は、雲取山に登ってきたらしい。話をあっさり聞いていたけれど、後で地図を確認したら、雲取山頂からこのバスのルート（おそらく鴨沢バス停）までは直線距離で5キロくらいある。

まさか、日帰りで上り下りしてきたわけではないだろうが、ともかく山男はたくましい。

HIGASHIKURUME-SHI

東久留米市

団地ときどき湧水集落

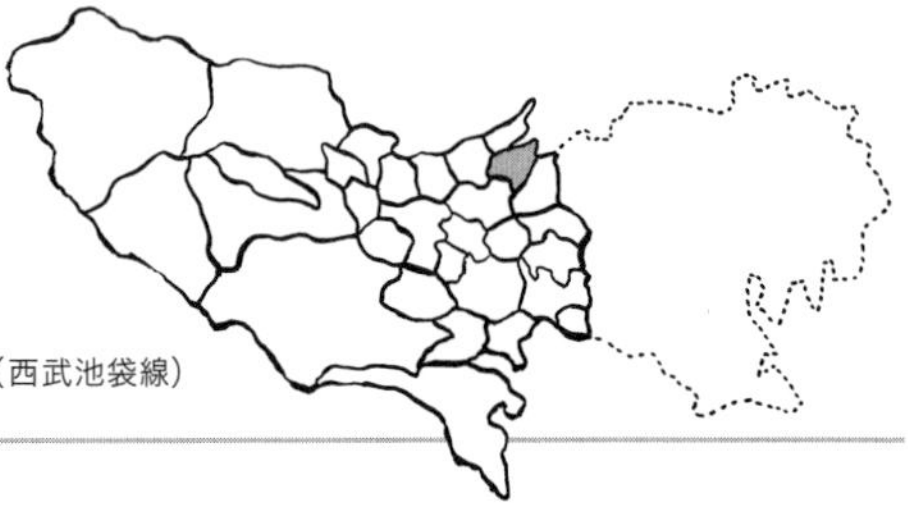

◆面積／12.88㎢
◆人口／116,399人
◆主要な鉄道駅／東久留米駅（西武池袋線）

西武池袋線の東久留米にやってきた。ちょっと先に西久留米という駅はない。この東久留米のネタモトは、九州・福岡県の久留米なのだ。大正時代（1915年）に武蔵野鉄道（現・西武池袋線）の駅を開設するとき、すでに九州に久留米って駅があるので、東（東国的な意味合いもあったのだろう）の久留米としたようだ。とはいえ、東久留米市というのが誕生したのは70年代初めのことで、僕が地図読みに熱中しはじめた小学生の頃は、久留米町と記載されていた。

湧水地・南沢へ

さて東久留米の散策、駅東口の方にも新座市に食いこむようにちょっと市街地が存在するけれど、その領域は主に駅の南西方に広がっている。西武バスがぽつんと停まる西口に出て、ファミリーマートの横道を東進していくと、やがて落合川の畔に出くわす。小金井や調布の野川にも似た、自然の川岸の雰囲気をよく残した川で、繁茂した水草のなかを流れる水も澄んでいる。橋を渡った向こうの丘にある竹林公園というのに立ち寄ったが、鬱蒼とした竹林の際から豊かな湧き水が流れ出していた。

この落合川の岸辺を初めて歩いたのは、およそ10年前、東京の七福神の本の取材をしていたときだ。少し南下したところにある多聞寺《たもんじ》は毘沙門天が祀られた古刹で、ここで住職から御朱印をいただいたおぼえがある。

川を挟んだ小道の奥には、深い森に囲われた氷川神社がある。参道口の小橋の下に小魚の魚影が確認できる。きれいな小川が流れこんでいるけれど、この小川の水源は裏方の雑木林の中。〈南沢環境保全地区〉なんて看板が出た、なかなかの規模の森である。木立ちの奥から、子供たちのハシャギ声が聞こえてくる。森の裏手に円筒形のタンクが垣間見えるが、ここに水道局の給水所が設置されているらしい。

畑の先のイオンモール

この辺、南沢の町名が付いているように、沢が点在する名湧水地として知られている。国分寺市のところでふれたけれど、「武蔵野夫人」の映画ロケ地に選ばれたのが頷ける。林の向こうには畑が広がり、ぽつぽつと新しい住宅も見える。シャレた低層のコテージが目に入ったので、玄関先に行ってみると、介護付老人ホームだった。近頃、こういう自然豊かな郊外で「ちょっといいな」と思う集合住宅を見つけると、だいたいこの種のシニア向け施設なのである。まさに、高齢化社会を実感する光景だ。

ほぼ南へ歩いていくと、開けた前方に黒々とした鉄塔が見えるようになってきた。冒頭の西東京市で訪ねた田無タワー、である。そして、その少し左手（東寄り）に直角三角形の壁みたいな高層マンションが建っている。予め地図で頭にインプットしてきてはいたが、高層マンションが建つ一帯は南沢五丁目のイオンモールを中心にした再開発地区。西東京市の側から広がる、ひばりが丘団地の端っこに隣接する一角だ。

平日とはいえ、イオンモールの駐車場はけっこう混み合っている。道を挟んで2館仕立てになっているが、本館の壁にデカデカとアウトドア用品の「好日山荘《こうじつ》」の宣伝幕が掲げられているあたり、郊外のショッピングモールらしい。そして、本館1階には日産のセレナなんかも置かれて、展示販売されている。

4階まで生活用品のフロアで構成された本館の屋上から、別館の方へ入ると、こっちは3階までのフロアに様々なレストランブースを仕込んだ大食堂風のスペースが設けられている。トンカツの「さぼてん」や中華の「梅蘭」は、こういったハコの常連ともいえるだろうが、仙台の「なとり」って牛たん屋はあまり東京で見たことがない。定食の肉は〈たんもと〉と〈たんなか〉って2種にわかれているが、高めの〈たんもと〉の1番少量（2枚、4つ切り）のやつをいただいた（とろろのオプションを付けて1800円くらいだから、けっこう高い！）。

バターナッツかぼちゃ

東久留米のイオンモールの仙台牛たんを腹に入れて、すぐ先の所沢街道の交差点から一直線に南進する広い道に入った。ちょうど真正面に田無タワーが見えるが、この出来かけの新道の両側は広大な畑地。サトイモ、ニンジンらしき葉が確認できる畑なかに〈目指せ食料自給率100パーセント〉なんて、熱の入ったアジ看板が立っていた。

行きあたったT字路の横道は、ケヤキの高木がしばらく続く素朴

ひばりが丘団地の横にあるイオンモール東久留米。

西東京市の回で訪れた田無タワーが遠目に見えた。

な街道で、〈柳新田通り〉のプレートが掲示されていたが、ひと昔前は〈東京道〉と呼ばれていたらしい。尤もこの辺、東京に向かう複数の通りに、東京道とか東京街道の名が付けられている。

ともかくこの道、西へ2、300メートルくらいの区間はケヤキの屋敷林に囲まれた、庭に年季の入った蔵が見える、いかにも武蔵野の農集落らしい家並が続く。そんな古い農家の門前に出た野菜の無人販売スタンドに置かれた〈バターナッツかぼちゃ〉をしげしげと眺めていたら、庭の奥から自転車をひいて出てきた老夫と目が合った。

「バターナッツかぼちゃ、なんてのがあるんですね？」

なんとなくバツが悪くなって質問すると、

「どっから来たの？」と問い返された。

「──杉並の方です」

「──杉並でも作ってるよ、こういうかぼちゃ」

そうか、後から調べ直して思い出したが、このバターナッツかぼちゃというのは、最近のハロウィーンブームに乗って、需要が高まっている種類なのだ。

そう、当日はハロウィーン前の10月中旬。とはいえ、夏のように暑い。自販機で買ったはちみつレモンウォーターを飲み飲み歩いていくと、やがてこの道は滝山中央通りと名を変えて、滝山団地のなかへ入っていく。

滝山団地の風景

1960年代の終わりに誕生した、約3200世帯からなるマンモス団地。鉄道や皇室関係の著作で知られる原武史氏はこの団地で生まれ育ち、『滝山コミューン一九七四』(講談社文庫)という著書で、西武沿線の団地風土の特徴を興味深く論じている。原氏も指摘しているが、この沿道に並ぶ団地商店街は、ほぼ半世紀前と変わらぬ昭和調個人商店のムードを留め、本体の団地の棟もメンテナンスを施されながら、四角い5階建ての初期団地の景観を保っている。ちなみに、ひばりが丘団地の敷地は軍需産業・中島飛行機

1968年に完成した、日本屈指の規模の大型団地・滝山団地。現在では高齢化が進み、高齢化率は40%を超える。

のエンジン部品工場などが広がっていた所だが、こちらは畑と雑木林の一帯だった。「昔、焼きイモの供給地だったこの土地に、文化住宅が建つわけで、工場も誘致するよう町当局は真剣に考えている」(『東京風土図』)と、団地建設前の案内書に書かれているから、川越のようなサツマイモの産地だったのだろう。

柳久保小麦

滝山団地西の道路標示のあたりから、南西に延びる横道を進んでいくと、団地ができる以前の田舎集落の風景を残した柳窪の地区に入る。

僕は休日にFMラジオや好みのCDを流しながら、ひとり車でふらふら郊外を走ることがあるのだが、そんな折にこの柳窪の古集落を発見した。とくに柳窪4丁目の柳窪天神社の周辺は野趣に富んでいる。

天神社の傍らを黒目川の源流の小川が流れ、境内の奥に社殿以上に立派な茅葺きの建物が垣間見える。垣根の道をぐるりと回りこんだところに、お寺の入り口みたいな薬医門がある、柳窪の地主(庄屋)・村野家の住宅。先の境内から覗き見えた茅葺き屋が天保9年(1838年)

建築の主屋、広い敷地の中に江戸後期から明治時代に建てられた土蔵や離れ間が配置されている。「顧想園《こそうえん》」の愛称が付けられた国の登録有形文化財で、時折見学会が催されているらしい。

村野家について、先の『東京風土図』には次のような解説がある。

「この集落に村野という旧家がある。庄屋造りの古い家である。ここでは、肥料を農民に貸し付けて大もうけしたという。肥料は、新河岸川を船で志木まで運ぶのである」

なるほど、江戸で仕入れた肥料を川越夜船に乗せ、志木からは大八車で運搬してきたらしい。いまでは、ちょっと考えられないルートである。

ところで、天神社の境内に〈柳久保小麦〉と題して、江戸の嘉永年間にうどん用の小麦を生産して評判をとった奥住又右衛門という人物の謂れ書きが出ていたが、村野家の他にもう1軒、「奥住」の表札を掲げた大きな屋敷も目にとまった。この柳久保小麦、戦前に栽培は途絶えたというが、農林水産省に保存されていた奥住家伝来の種を使って復活、それを使ったうどんを出す店が今回やりすごした前沢のあたりにある、と後からネットで知った。イオンモールの仙台牛たんより、こっちを味わうべきだったな……。

広大な村野家住宅の敷地の周囲は生垣で囲われていた。

HIGASHIMURAYAMA-SHI

東村山市

サナトリウムと武蔵野うどん

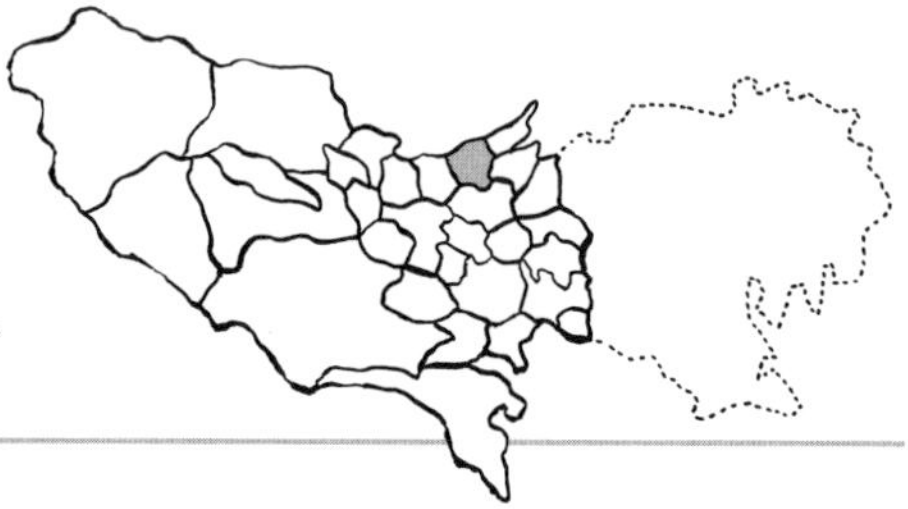

◆面積／17.14㎢
◆人口／149,980人
◆主要な鉄道駅／
東村山駅（西武新宿線など）、
西武園駅（西武西武園線）

西武池袋線で進んでいくと、東久留米の次は清瀬なのだが、〝東〟つながりで東村山へ先に行ってしまおう。清瀬のもう1つ先の秋津《あきつ》からアプローチすることにした。この駅も東側は清瀬、北方は埼玉県の所沢と市境が複雑に入りくんでいるけれど、南西側は東村山市の領域だ。ネットカフェやマクドナルドや不二家の看板が見える、郊外の駅前らしい商店街の途中から一本道を南下していくと、コインパーキングの先に畑が目につくようになってきた。

多磨全生園を歩く

子供の頃、西武池袋線で入間や飯能の方へ虫採りに出掛けていくとき、清瀬から秋津のあたりにかけては延々と雑木林や田畑が続いていた。秋津とは、トンボの昔の呼び名と教えられて、ヤンマ系の大物のトンボがウヨウヨいるような光景を想像したものだった。

そんな、ちょっと昔の秋津っぽい田園風景が残る細道を南進して所沢街道、さらに空堀川を渡ると、前方にこんもりとした木立ちが見えてくる。国立療養所多磨全生園の一帯だ。保育士さんに連れられてお散歩をする幼児たちの列と一緒に、裏門のような所から園内に足を踏み入れた。

林をぬけると、素朴な平屋の棟がきちんと配置された、昔ながらの療養所の区域に入った。縁側づたいに小庭が設えられて、老女が鉢植えの花に水をやっている。昭和20年代頃の日本映画の1場面を見るようだ。

清瀬から東村山にかけては、結核やぜんそくの古い療養施設が多い地域だが、ここはハンセン病の隔離施設として国が明治42年に設置した、社会史的にも重要な場所だ。

そのくわしい歴史については、敷地の一角に置かれたハンセン病資料館で学ぶことができる。いわれなき差別の実態を記録した展示にはもちろん胸が痛むが、ありし日の多摩の風土を伝える貴重な写真なども数多い。

園内をぐるりと歩いてみると、野球場や公園、神社、日蓮宗の古めかしい会堂と十字架を立てたカトリック教会が隣り合っているような一角もあって、ふと昔の町に迷いこんだような心地になった。

このまま東村山駅の方まで歩いていこうか、と思っていたら、全生園前の停留所にちょうどバスがやってきた。この辺は西武バスの独擅場《どくせんじょう》だが、これは久米川駅行き。かつては〝大岱〟の綴りだった古集落・恩多《おんた》の町を通過して久米川駅の北口へ。西武新宿線に1駅乗って東村山駅へ移動した。ここから南下していく国分寺線の区間は、いくつものローカル線が合併してできた現在の西武線のなかでも、川越鉄道として一番最初に開通した部分。そんな東村山駅の開設は明治27年。先のハンセン病資料館の展示に、この駅に隔離患者を乗せた特別列車（通称・お召し列車）が着いた様を捉えた印象的な古写真があった。

志村けんの木

東村山駅前（東口）のバス乗り場脇のガードレールに妙なプレートを見つけた。

多磨全生園の敷地内にある日蓮宗の会堂。奥に日本聖公会の礼拝堂の十字架が見える。

国立療養所多磨全生園。右の古い建物に「第一面会人宿泊所」とある。

〈志村けんの木〉。「後方の3本のけやきは、昭和51年に東村山市出身のタレント志村けんさんへ、当市の名を全国に広めてくださった功績に対し、感謝状を贈呈させていただいたことをきっかけに、植樹されたものです」と、ちょっとまどろっこしい解説（感謝状のくだりはいらないんじゃないか？）が出ている。

なるほど……僕の世代はその〝功績〟、すぐにピンとくるけれど、もはや若い人にはチンプンカンプンかもしれない。

♬東村山〜庭さきゃ多摩湖〜

なんて歌い出しの「東村山音頭」を志村が人気番組「8時だョ！全員集合」のなかで披露したのがきっかけで、大ブレイクしたのである。当時、これはてっきり志村が思いつきで歌った彼のオリジナル曲と思っていたら、実際まじめな元唄があるらしい。

しかし、このガードレールの説明書きと3本のケヤキ、けっこう離れているから気づかない人、多いんじゃないだろうか？　どうせなら、志村の調子のいい歌声が流れるような歌碑を置いたらいい……と思うのですが、権利関係などきびしいのかもしれない。

すぐ先の府中街道を北進すると、やがて久米川辻と道路標示板に

「志村けんの木」の看板。志村けんは、東村山が生んだ大スターだ。

記した交差点に出くわす。そういえば、先のバスのルートにも、「恩多辻」という停留所があったけれど、この辺は交差点に〝辻〟の名称をあてる風習があるのだろう。

武蔵野うどんのばあちゃん

西武線の久米川駅はだいぶ南の方だが、従来、この辺が久米川宿と呼ばれた久米川の元町らしい。交差する旧道風の道を左折したところに〈ますや〉と看板を出した、素朴なうどん屋がある。いわゆる〝武蔵野うどん〟をやる店だ。

前回、名産・柳窪（久保）小麦のうどんを食べそこなったので、今回はぜひ！　とばかりに予《あらかじ》め店の目星をつけてきた。東村山は武蔵野うどんの店が多い地域だが、ここは佇まいからしてなかなかいい。

戸を開けたすぐ向こうに厨房とカウンター席、奥に小座敷が見える、正午すぎの店内は地元風の客でにぎわっている。空いた戸際のカウンター席に腰掛けると、すぐ目の前でおばあちゃんが黙々と天プラを揚げている。うどん定食のオカズで付くものなのだ。

カレーうどん、力うどん、というのもあるけれど、定番の肉汁うどんを注文すると、ザルに盛られた太いうどんと、肉片を2枚ほど沈めたツケ汁、そしてニンジン&ゴボウの天プラ、といった諸々が出てきた。うどんはニョッキを思わせるもっちりした食感、ツケ汁に浸った豚肉は甘ダレ系ショウガ焼きの味がついて、これがイケる。そして、昔の家族の晩ごはんっぽい感じの天プラが実にうまい。僕の皿には入っていない、目の前の揚げたてイモ天がなんともおいしそうなので、「コレ、いくらか払えば足してくれる？」おばあちゃんに伺いを立てると「いいよ、あげるよ。誉められればなんでもあげちゃう」と、ササッとイモ天をオマケにくれた。

天プラ揚げながら、向こうの常連客と「福田こうへいってのがいいんだよ。民謡の出だからね」なんて、最近の若手演歌歌手の話をやりとりしているおばあちゃん、厨房の壁に張り出された〝調理師免許証〟をじっと眺めると、屋号と同じマスという名で、昭和6年4月……の生年月日が読みとれたから、2017－1931（年）＝86歳、という計算になる。

うどんのコシを誉めると、「ウチはいまも足で踏んづけてるんだから……」と、おっしゃっていたから、足作りというか、イチから店で手作りしているのかもしれない。

「ますや」の店内にて。素朴な雰囲気の天プラが食欲をそそる。

トトロ景色の丘陵

この店に目星をつけたのは、少し道奥にある古刹・徳蔵寺へ行く順路にあたっている、という理由もあった。ここは寺の入り口に建てられた板碑保存館というのが名所になっている。板碑――というと、シロートはふと板（木）製の謂れ札のようなものを想像するが、平ったい石造りの卒塔婆のことらしい。

すぐ裏手の山は新田義貞の鎌倉攻めの戦場で知られた地、ここにその元弘の乱で戦った新田勢の板碑が保存されている。板碑だけでは地味、と思ったのか、埴輪や壺、古民具……といったものまで展示されて、ちょっとした郷土博物館という風情になっていた。

新田の古戦場跡も存在する西方の緑の丘が八国山緑地、広い意味での狭山丘陵の東端にあたる。山の一角に築かれた東京白十字病院や新山手病院（ここも古い結核療養所から発展した病院で、「となりのトトロ」でサツキとメイのお母さんが入院している療養所のモデルとする説もある）を横目に、麓の道を進んでいくと、傍らの低い所に設けられた公園のベンチが水没していた。数日来の雨と、そ

徳蔵寺板碑保存館。2003年にリニューアルした建物はまだ新しい雰囲気を残している。

もそも湧水が豊かな場所なのだろう。

袋小路に突きあたって、何度か後戻りしながら、西武園の駅前にやってきた。西武園は子供の頃、新宿線の方に乗って何度か遊びにきた場所だが、本体の遊園地はもう埼玉県所沢市の領域なのだ。そして、駅前の町は多摩湖町というが、多摩湖そのものはお隣りの東大和市のテリトリーなのである。

季節はずれの台風直後、八国山緑地脇の公園のベンチは水没していた。

HIGASHIYAMATO-SHI

東大和市

多摩湖はこの市にあるのだ

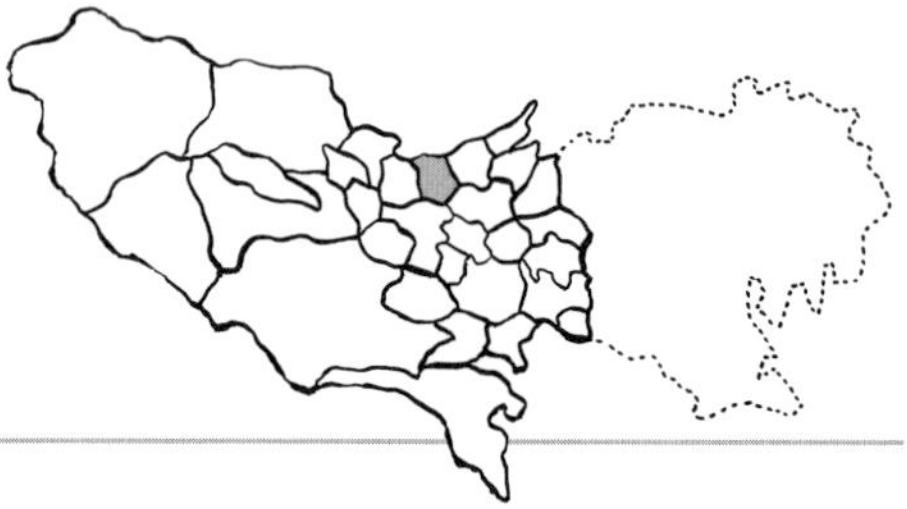

◆面積／13.42㎢
◆人口／84,644人
◆主要な鉄道駅／
東大和市駅（西武拝島線）、
武蔵大和駅（西武多摩湖線）

東久留米、東村山、ときてもう1つ、東のつく東大和市を訪ねてみよう。ちなみにここも東久留米と同じように、町制の時代はただの大和町（その前は大和村）だったが、70年代に市に昇格したとき〝東〟がくっついたのである。神奈川県の中央林間の方の大和市と区別するため、という説を聞いたけれど、地図を見ると「北大和」にしといた方が妥当だった、という感じがする。

それはともかく、この市のシンボルは、なんといっても北端に位置する多摩湖だろう。というわけで、西武の多摩湖線でアプローチすることにした。

おとぎ電車の軌道

終点はひと頃まで多摩湖といったが、西武ライオンズが立ちあげられた年（79年）に西武遊園地と改称されてしまった。このときに北方の西所沢から入ってくる狭山線の終点も狭山湖から西武球場前となって、「不思議、大好き。」なんかの広告やプリンス系ホテルも含めて80年代の西武黄金時代が幕を開けるのだ。

しかしまぁ、１９６０年代に西武沿線で子供時代を過ごした僕にとって、この終点駅はいまも多摩湖のイメージであり、ちょっと先の湖畔からおとぎ電車に乗って、いまの西武ドームの向こう側のユネスコ村に行った遠足風景などが思い浮かんでくる。

久しぶりに降りたった旧多摩湖（西武遊園地）駅は、随分イメージと違っていた。ホームの先は、昔のおとぎ電車のルートを使ったレオライナー（山口線）の駅につながっていて、平日ゆえ通勤姿のオトナがぞろぞろ歩いていく。

駅外に出ると、目の前は「西武園ゆうえんち」の中央口。園のフェンスづたいに歩いていくと、やがて左手に多摩湖畔の入り口が見えてきた。ちらほらと紅葉が始まった木立ちの手前にぽつんと置かれた、ちっぽけなヤキソバ屋の露店だけ小学校の遠足当時のままのようで、妙に郷愁をおぼえる。

多摩湖いま昔

湖東岸の堰堤の遠方にシンボリックなドーム屋根の取水塔が見える。ロシア風の薄緑のドーム屋根とレンガ壁のコントラストが美しい2基の塔は、多摩湖こと村山貯水池が完成した昭和2年から存在するもので、小学校の写生会でも描いたおぼえがある。

当日、間近まで行って写真を撮ればよかったものを、後で渡ろうと思っている西方の多摩湖橋の橋詰に同じタイプのクラシックな塔がある……と思いこんでいて、うっかり寄りのショットを撮りそこねてしまった（ちょっと霞んだロングショットだけ紹介しておく）。

北岸の道はやがて〈多摩湖自転車道〉の表示が現われて、サイクリングの人と共用の歩道となった。ちなみに、この通りまでがぎりぎりで東大和市の範疇。すぐ右方を沿うように走るレオライナーの軌道やその向こうのゴルフ場はもう埼玉県所沢市なのだ。緩やかに湾曲する道を歩いていくと、ゴルフ場の林の合間に忽然と「未知との遭遇」の宇宙船みたいな物体が見えた。

あー、そうか、あれが西武ドームなのだ。おもえば、僕が以前来たのはまだドーム化される前の時代であった。ところで、ドームの

忽然と現われる西武ドームは、宇宙船のような、新興宗教の施設のような……

駐車場の手前に〝0－4〟（0時～4時）指定の自動車進入禁止の交通標識が立っていたが、あれはどういうことなのだろう。真夜中、外部からの侵入をシャットアウトして、西武ドームで秘密の儀式でも行われているのか？

湖の中央（やや西寄り）を横断する多摩湖橋（ここも正確には堰堤）は、道幅が狭いせいか車道専用になっていて、人は傍らの堤下を歩かなくてはならない。ま、そのうち改良されるのかもしれないが、いまは散歩にはお勧めできないルートである。

湖畔の個室料亭

が、この多摩湖を渡るルートを選んだのは、南岸の狭山緑地（蔵敷《ぞうしき》）のエリアをめざすた

村山下貯水池取水塔の遠景。こちらは第二取水塔。「日本で一番美しい取水塔」の異名もある。

めだ。地図に〝H村山〟という表示を見つけたのである。村山ホテル――場所は違うが、同名のホテルが大岡昇平の「武蔵野夫人」で、夫人と年下の男が多摩湖畔で逢引するシーンに使われた。後年、多摩湖ホテルと改称して、昭和30年代中頃まで、先の西武園ゆうえんちの中央門のあたりに建っていたらしい。

多摩湖南岸の狭山緑地の一角に見つけた「ホテル村山」は、シャレたラブホテル調の物件だったが、その先にある料理屋「貯水池 鳥山《とりやま》」は、よりいっそう武蔵野夫人的ムードを感じさせるリゾートスポットだった。

「鳥山」は、八王子に発祥していまや都心の高級料亭（うかい亭）まで手を広げる、あの「うかい鳥山」とは関係ないらしいが、こちらも八王子とほぼ同じ東京オリンピックの年（64年）の開業で、料理以上にその環境がおもしろい。森のなかに、1戸建ての個室がコテージのように点在しているのだ。

受付の婦人に「1人でもいいっすか？」と確認をとって、千円の麦とろ定食を注文すると、ちょっと先の木立ちのもとの「やまばと」と表札の出た平屋に導かれた。四畳半くらいの部屋に囲炉裏を仕込んだ卓が設えられて、窓外に庭のモミジなんぞが垣間見える。冷えるので暖房を入れて、外のスピーカーから漂ってくる正月っぽい箏曲のBGMを聞いていたら、侘しい気分になってきた。やっぱここ、1人で麦とろ定食食べにくるとこじゃないよね。細かいことだが、「麦とろの飯は佐渡ヶ島のコシヒカリ米を使用……」という張り紙が出ていた。だったら麦とろ、じゃないじゃん。

広い部屋もあるのか、帰り際に20人くらいの御婦人の団体さんがぞろぞろやってきた。

奈良橋あたり

「鳥山」の裏方からコナラや竹が目につく山道を下っていくと、郷土博物館の脇に出てきた。プラネタリウムらしき銀色のドームを隣接させた立派な建物で、どうもこういう態《なり》のいい郷土博物館というのは入る気がしないのだが、ちょいと覗いてみると、多摩湖が造られる以前の立体地図など興味をそそる展示はいくつかあった。

湖の南方の芋窪、蔵敷、奈良橋、といったあたりはかなり古くからの集落で、奈良橋川の沿岸には地主と思しき大きな屋敷が並んでいる。奈良橋は大和町時代に役場が置かれていた中心地。その地名、歩いてきた山林からは奈良＝楢の木を連想するが、もしや大和＝奈

ホテル村山。ラブホテル的物件だがどこか格調も感じさせる。

林の中に離れの客室が点在するという珍しい店のかたちをとる「貯水池 鳥山」。

良のシャレも掛かっているのかもしれない。

ここから「ちょこバス」というコミュニティバスでモノレールの上北台まで出ようと思っていたら、停留所を見落として、結局青梅街道から新青梅街道へと歩く。この辺の新青梅は、くら寿司、AOKI、TSUTAYA、イエローハット……いかにも郊外のバイパス風店舗が並んでいる。

南街のガス電通り

多摩都市モノレールは以前、立川でも乗ったけれど、上北台が北側の終点。ホームの端っこに立つと、軌道が切れた先に狭山丘陵が帯のように続いている。昔の青梅街道の桜並木に由来する桜街道の駅を過ぎて、西武拝島線に接続する玉川上水で降車した。

降りる手前で気づいたことだが、駅の北西方に広がる墓地の無数の墓石の景観はかなり凄い。ある意味、インスタ映えする！　北東側の東大和南公園へ入っていくと、戦災遺跡がある。戦時中の日立航空機の変電所の建物。一帯は空襲で集中的に攻撃された地域だが、2階建ての変電所の建物だけ、奇跡的に焼け残った。外壁に点々と傷を残した70余年前の軍事施設と、周囲の穏やかな団地や公園とのコントラストが目に残る。

西武線はいくつものローカル線が寄り集まった鉄道だが、このあたりの拝島線はそもそも日立航空機への専用貨物線から始まった路線なのだ。

この一帯をぬけると、桜街道ぞいに南街というバス停がある。これ、ミナミマチではなくナンガイと音読みするのがなんとなくハードボイルド小説の無国籍タウンっぽい。ここも戦前(昭和13年頃)、日立航空機の従業員住宅用地として、計画的に開発された町らしい。古地図と照らし合わせると、マス目の区画が細かい南街5、6丁目あたりが最初にできあがった住宅街のようだが、建て替えが早かったのか、古い家はあまり見あたらない。5丁目の駅近くに「ガス電通り」というバス停を見つけて、一瞬、東京ガスと電通がビックロみたく合体した物件を想像してしまったが、これは日立航空機の前身・東京瓦斯電気工業に由来するのだ。

東大和市駅前にやってきた。駅前で目につくのは、オレンジ色の派手な看板を掲げた〈ヤサカ〉というホームセンター。おそらく、近くの八坂の町で立ちあげられた店だろう。そして、駅横にアイススケートリンクがあるのが、いかにもアイスホッケーで鳴らした西武の駅らしい。ちなみにこの駅も、昔は青梅橋といった。ガードをくぐった向こう、暗渠化された野火止用水の脇にイチョウの老木とともに祀られた庚申塔と橋の親柱が、のどかなローカル線時代の風情を微かに漂わせている。

インスタ映えする(?)、玉川上水駅の北西側に広がる佼成霊園。立正佼成会の附属施設だ。

清瀬市

ケヤキの旧街道とBCG

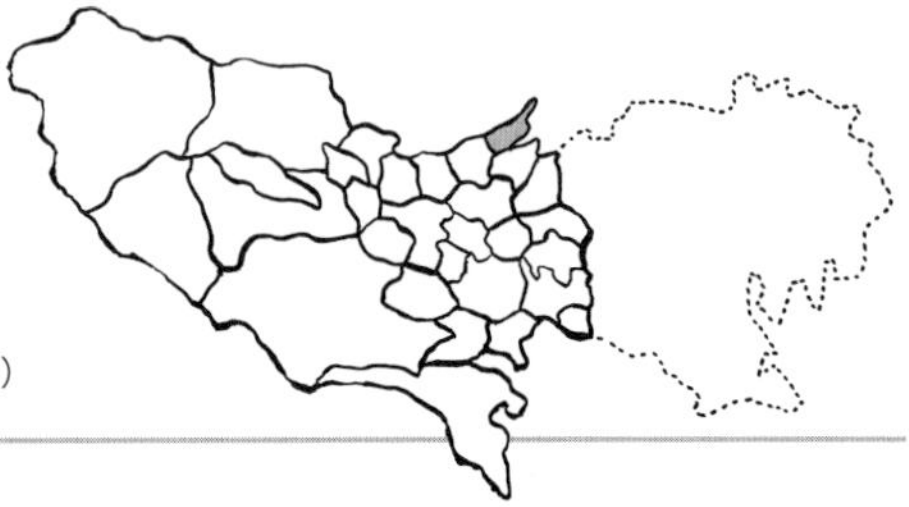

◆面積／10.23㎢
◆人口／75,367人
◆主要な鉄道駅／
清瀬駅、秋津駅（西武池袋線）

東久留米、東村山、東大和、と〝東名義〟の市を続けて散策したところで、ちょっと後戻りして清瀬を訪ねよう。位置的には東久留米と東村山の間だが、北方は小さな能登半島のように埼玉県へ入りこんでいる。

清瀬ふれあいど〜り

清瀬駅で降りて、まずは南口へ。南西の方へと延びていく、にぎやかな商店通りには〈南口ふれあいど〜り〉の看板が出ている。〜の表記は、いかにも80年代くらいにネーミングされた郊外の商店街っぽい。フォーク好きの中年夫婦が営むパン屋なんかが多そうなイメージだけど、案外目につくのはヤキトリ屋。それと、整体やマッサージの店。ま、最近の私鉄沿線の町にはだいたい整体系の店が何軒かあるものだが、清瀬の南西部は療養所の密集地だから、なんとなく効きそうな感じがする。

南口ふれあいど〜りから〈清富士通り〉に入る。富士山のマークが刻まれた看板は、先の〈ふれあいど〜り〉より年季が感じられる。古くから富士詣での人々が歩いた道、というが、方角的にみて、前方に富士が眺められたのかもしれない。

富士山ではなく、前方に竹丘の都営アパートが差し迫ってきた頃、手前に残された畑の向こうに古びた煙突が見えた。当初、団地の焼却炉か……と思ったのだが、〈峰の湯 サウナ〉などと記されたそれは銭湯の煙突に違いない。回りこんでみると、そこだけ取り残されたような狭い筋に、神殿造りの銭湯をはじめ、洋品店に理髪店など、個人商店が10軒ばかり固まっていた。この辺の団地の誕生は1970年前後だろうが、おそらくその時期に発祥した商店筋だろう。

BCG研究所

道を西進すると、特別支援学校の先に〈日本BCG研究所〉というのが現われた。BCG(ビーシージー)とは、なつかしい。僕の世代は小学校低学年の時代に接種を受けた、結核予防のワクチンのことである。針が何本か収まった、小型のスタンプみたいなのを肩や上腕あたりにカシャッと押される。ものすごく痛いわけでもなかったが、その部分がしばらく赤く腫れてカユくなったりしたので、よく憶えている。20代の頃まで、複数の注射針の跡が、まんじゅうの焼印みたく残っていたはずだ。

しかし、BCGなんて、もはやこの世から消え去ったと思っていたら、こういう研究施設は継続しているのだ。

松林に取り囲まれたこの一帯は「結核研究所」などの施設も備えた複十字病院の敷地。昭和の初め、道の向かい側の、今は国立看護大学校のある場所に設立された府立清瀬病院を皮切りに、周辺部は結核療養と研究所の一大地帯となっていったのだ。古い地図には「清瀬小児病院」というのも記載されているが、確か小学生の頃、小児ぜんそくを患った友だちがここに入院した……とかの噂を聞いたことがあった。

東村山市の回で行った多磨全生園のハンセン病資料館の前から続くこの道は、西武池袋線の踏切を渡って、そのまま北口の志木街道に合流する。

「日本BCG研究所」の看板。下には「日本凍結乾燥研究所」という気になる看板も……。

紅葉の志木街道

ケヤキ並木が延々と続く志木街道——清瀬の散歩というと、やはりこの道がハイライトだろう。上清戸1丁目の交差点で、駅の方からくる道にもケヤキが植えこまれているけれど、歴史深いのは志木街道の方で、こちらは沿道にも古蔵を備えた農屋敷が並んでいる。11月下旬のこの時期は、ちょうどケヤキも黄褐色に色づいている。

いまどきこれほど武蔵野らしい街道風景が楽しめる場所も、他にあまりない、と思うけれど、ひと頃までお屋敷の裏方に広がっていた畑や雑木林は随分減った感がある。僕がはじめて車でこのあたりを走った80年代はじめの頃は、もっと遠方まで見渡せる農地があったはずだ。

それよりずっと以前、昆虫少年だった僕は豊島園（現・としまえん）内の昆虫博物館によく行った。西武線沿線の採集地地図のようなのが掲示されていて、清瀬のあたりが美しいオオムラサキの採集地に指定されていたのをよく憶えている。結局、当時訪れることはなかったが、清瀬に来るたびにオオムラサキはどの辺にいたのか……と想像する。

ケヤキ並木の喫茶店

上清戸を過ぎると中清戸。水天宮と日枝神社が隣り合っているが、日枝神社の柊《ひいらぎ》の老木の傍らに倭建命《やまとたけるのみこと》にまつわる由緒が解説されていた。なんでもヤマトタケルがこの柊のたもとで休憩しながら、「清々《すがすが》しい土地」と評したのが清土↓清戸の発端……なんていう、言ったもん勝ち的なことが書かれているが、この門前の駐在所の脇から練馬方面へ向かう道（途中、多少途切れたりもする）を俗に清戸道と呼ぶようだから、このあたりが清戸の中心地なのだろう。

日枝神社を過ぎて、少し行った右手に「るぽ」という目を引く喫茶店がある。青い三角屋根の洋館、というか教会のような建物。2階席につくと、高い天井の下にシーリングファンが回り、柵越しに1階を見下ろすことができる。この感じ、武蔵境の五日市街道ぞいにある「くすの樹」という店に似ているが、関係はないらしい。

しかし、各種の豆を揃えた珈琲から、ハンバーグ、焼肉ピラフ、フレンチトースト、アイドルセットなんて人気洋食のセットまで……メニューは充実している。そろそろお昼も近いので、サツマイモを使った「おいものグラタン」（セット）というのを注文した。この辺から所沢や川越にかけては、イモ掘り遠足で知られたサツマイモの産地だったところだから、ふと〝地場モノ〟を期待したのだが、これは別の土地のイモらしい。

上：志木街道のケヤキ並木。写真左には蔵も見える。
下：アルプスあたりの教会を思わせる外観の喫茶店「るぽ」。

ピンク色の郊外団地

志木街道は長命寺（立派な観音像や鐘が目を引く）の前で新小金井街道と合流する。新道に合わせて道幅も広がって、ファミレス調の物件が増えてきた。下清戸の信号のところで左折、ずんずんと直進していくと、やがて右方の林の向こうにピンク色の団地が見えてくる。市の北端に広がる清瀬旭が丘団地だ。

80年代当時、この団地に住む知人宅を訪ねたことがある。その頃にして、けっこう年季を感じる団地だったが、敷地の一角に見つけた〝定礎〟のプレートに〈北多摩郡清瀬町〉と刻まれているから、これは古い。市制の施行が70年、この団地の誕生はその3年前の67年なのだ。外壁のピンク塗装が当初からだとすると、郊外志向のちょっとナウな若夫婦あたりをターゲットにした公団住宅だったのかもしれない。

団地横の道を下っていくと、やがて柳瀬川に差しかかる。清瀬の〝瀬〟にあたるのはこの川の流れだろう。清瀬市の領域はこの川の手前までだが、対岸の山の上に重要な歴史史跡がある。橋の名称も「城前橋」と付いているけれど、滝の城という城が存在したのだ。

埼玉県所沢市の領域だが、ここまで来たら立ち寄ってみたい。橋を渡ると、向こう側は荒れ果てた未開発地帯が広がっている。もとは湿田や沼だったような感じだが、立て看板を見ると、

上：柳瀬川を渡って滝の城跡へ。川の向こう側は埼玉県所沢市だ。 下：写真ではわからないが、ピンク色の外観が特徴的な清瀬旭が丘団地。どういう意図か、1階だけピンク色が濃い。

一帯は山上の城山神社の管理地のようだ。

柳瀬川の向こうの城

武蔵野線の高架の下をくぐって、湾曲した急坂を上っていくと、滝の城跡の遺構を保存した城山神社の入り口に差しかかった。

ここに最初に城が築かれたのは源頼朝の鎌倉時代ともいわれているが、戦国時代は北条氏の城として機能した。滝の城——の名は、滝山城（八王子の回で訪ねた）の支城だった時期に由来するらしい。豊臣秀吉の小田原攻めの折に落城、やがて廃れたという。上ってきた柳瀬川寄りの崖際に立つと、清瀬から新座にかけての一帯が見渡せて、なるほど、これはお城を置きたくなる。

帰路、清瀬の方に戻るのも難儀なので、反対側の通りに出ると、所沢と志木を結ぶバスが走っている。すぐそこの西武バスの停留所の名は、城。「滝の城跡」などとつけず、ただ「城」ってのが潔い。尤も、周辺の町名が「城」と名づけられているのである。

滝の城本丸跡の碑。奥には城山神社の建物が見える。

小平市

にじバスとブルーベリージャム

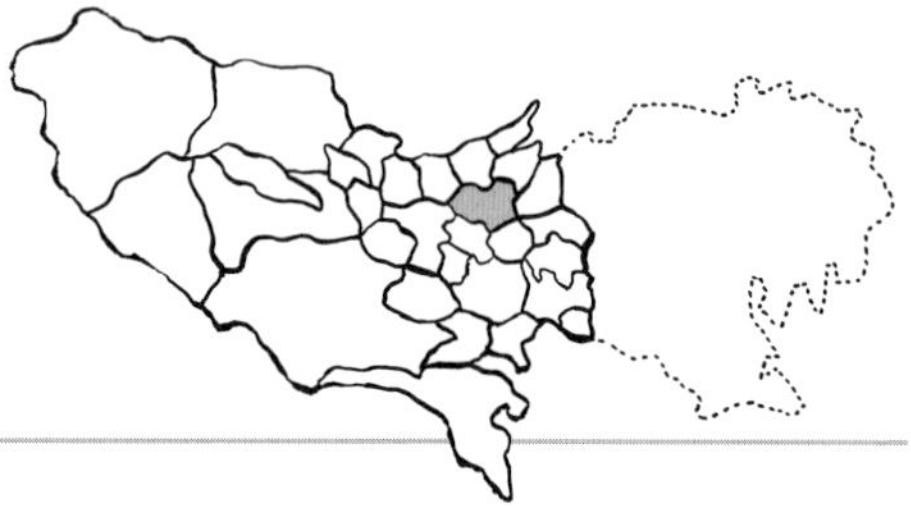

◆面積／20.51㎢
◆人口／192,584人
◆主要な鉄道駅／
小平駅（西武新宿線など）、
鷹の台（西武国分寺線）

初回に訪ねた西東京市のすぐ西隣りなのだが、順路の都合でなんとなく後回しになってしまった小平市を散策することにしよう。

さて、市内には西武線の駅がいくつもあるけれど、やはりここはその名もズバリ！　小平で降りて、まずは北西部に広がる小平霊園へ。「広がる」とはいえ、敷地は東村山、東久留米、小平の3市に跨がっていて、正門や事務所のあたりは東村山の領域になる。

この都営墓地が開園したのは戦後まもない1948年のことだが、以前訪ねた多磨霊園と同じく数々の名士の墓が置かれている。事務所のラックで入手した案内図を拠り所に、南東側の小平市内の名士の墓を探しながら歩いてみた。

小平霊園散策

まずは、昭和前期の名優・佐分利信《さぶりしん》。僕が氏の存在を知ったのは、名画座で観た1950年代の小津映画や70年代の「華麗なる一族」あたりからだから、中高年以降の姿しか浮かんでこない(尤も墓標の名は本名の石崎である)。ここが2ノ17番ブロックで、次は4ノ9番あたりの伊藤整、それから8ノ1番の千葉信男……と、墓とはいえ、こういう有名人探しはクセになる。ちなみに千葉信男は僕の幼少期に活躍した、いまでいう〝デブタレント〟の先駆けで、家の近所(新宿区中井)に住んでいると聞いて、生前のお宅も探した記憶がある。

墓地の先に見えるこんもりとした木立ちは「さいかち窪」と呼ばれ、クヌギが目につく雑木林の林間の窪地から湧く水が東久留米の回で訪ねた、柳窪天神の脇を流れる小川の源らしい(が、散策当日は涸れていた)。

詩人・野口雨情の墓も訪れた。本名の「英吉」の名で眠る。

小平駅から小平霊園に延びる道には、墓地の周囲らしく石材屋が軒を連ねる。

「にじバス」に乗って

野口雨情の墓を眺めて東口から霊園を出て、石屋が並ぶ門前通りを歩いて駅の南口へやってきた。ロータリーの一角から出る「にじバス」というコミュニティバスに乗って、南方へ移動しよう。出発してまもなく、あかしあ通りの「ルネこだいら」前に立つ〃日本一丸ポスト〃というのを車窓越しに撮影。小平市は旧型の丸ポストが多い市とされるが、この〃日本一〃というのは高さが2・8メートルもある、ノッポ日本一なのだ。

この「にじバス」も他のコミュニティバスと同じく狭隘な道を走る。とりわけ、青梅街道を越えて、小平一中の脇の路地をカクカクカクッとアミダクジ状に進んでいく区間はハイライトといえる。一橋学園駅の方を通って、多摩湖線の線路脇をまた北上してきて中央公民館の前でバスを降りた。線路づたいにちょっと行くと青梅街道に出るが、この脇の多摩湖線の駅はそのまんま「青梅街道」。青梅街道近くの駅はいくつもあるけれど、先に言ったもん勝ち、というやつだろう。

街道のブルーベリー農家

この辺から西へ延々と続く、小川町の領域を歩いていこう。サンマルクやビッグボーイ、沿道にはドライブイン型レストランが目につくけれど、ちらほら昔風の農家も点在している。生垣の向こうにキウイか何かの棚が垣間見える、これといった門扉もない家の庭先に足を踏み入れると、老婦人がこちらを振り向いた。

――この棚、キウイですか？

なんてきっかけで、いろいろ問い掛けると、「キウイもやっているし、ブルーベリーもちょっとね。これがブルーベリーの木……」

と、紅葉した背の低い庭木を指さして教えてくれた。

「実がなるのは夏だけど、私が作ったジャムがあるのよ……」

ネスカフェのビンに詰めた、お手製ジャムを差し出された。指先にちょろっとつけてなめてみると、熟した果実の甘味や酸味が残る、いい味がした。

「趣味で作ったようなもんだから、もってきなさいよ」

買うつもりでいたら、ただでいただいてしまった。うーん、小平は素晴らしい町だ。

ジャムをカバンに入れて少し歩いたところで、〈高倉町珈琲〉と看板を掲げた、ファミレス型のコーヒーショップが目にとまった。

高倉町とは何ぞや？　店名が気になって入ってみると、なかはマントルピースなどを設えた、ゆったりした応接間調の雰囲気で、壁の所々にビートルズのアルバムジャケットやポートレートが飾られている。ＢＧＭもビートルズ。メニューを開くと特製クリームのリコッタパンケーキ、フレンチトースト……と、女子ウケしそうなスイーツ系軽食が充実しているせいか、小さな子連れの若ママグループが多い。

ランチにはまだ少し早いので、僕は珈琲1品に留めたが、それにしても〝高倉町〟の本拠はどこだろう？　イメージ的に京都の高倉あたりを思い浮かべつつレジの女性に尋ねたら、「八王子が本店なんですよ」と、意外な答えが返ってきた。

八王子の高倉町なんて、まるで念頭になかったのだが、改めて地図をチェックすると確かに北八王子駅近くに高倉町は存在、甲州街道ぞいに高倉町珈琲の表記がある（後日、その本店を訪ねた旨は八王子市のページに）。

小川集落の小川食堂

青梅街道をさらに西進、地下を走る武蔵野線の新小平駅の入り口を過ぎ、西武国分寺線の単線踏切を渡ると、中宿と呼ばれるこのあたりからが古き小川集落の中心地。そんな沿道に見つけた「小川食堂」って店で昼食をとることにした。

ドライブイン型の店舗だが、焼魚や煮物やフライ、サラダ、汁物……といったものを客各々が組み合わせていく、昔の食堂風のシステムになっている。僕がチョイスしたのは、鶏と野菜の煮こみ、揚げナスの煮びたし、ホウレンソウの白和え、鶏のたきこみごはん、アサリ汁（大型のアサリが10個近く入っている）、といった諸々で９８０円。これは安い！

店内は、どこかで工事でもしているのか、大食いそうな作業服の男たちでいっぱいだ。

先の〝高倉町〟のように、ここも当初〝小川〟という地元らしき町の名を冠した店名に魅かれたのだ。もしや、地主の小川家系が営んでいる店……と推理していたのだが、ここでも意外な回答を聞かされた。

「本店は大阪なんですよ。チェーン店にそれぞれの地名を付けるんです」

なぁんだ、立川なら立川食堂……って感じで、頭だけ付け替えていくのか。ローカル戦略にうっかりだまされてしまったが、定食屋として充分満足のいく味だった。

「小川食堂」。よく見ると「まいどおおきに食堂」と書いてあり、大阪の定食屋だとわかる。

ネギ畑越しのムサ美

このちょっと先に小川寺（寺らしくショウセンジと音読みする）というのが建っているが、ここに小川村を開拓した小川九郎兵衛の墓（武蔵村山・禅昌寺からの分骨）がある。

九郎兵衛がこの地の新田開発を始めたのは江戸の明暦の頃（1650年代）とされているが、小平にはこういう新田開発から立ち上がった町が多い（吉祥寺周辺も明暦大火が開発の契機になった）。今回は行けなかったが、花小金井西方の鈴木町も鈴木利左衛門という人物による新田開発で誕生した町で、街道ぞいに集落と用水路が帯状に続き、裏手に農地が広がっている、という特徴をもつ。

真ん中に交番が建つ小川上宿の二叉の南側、大ケヤキのある古めかしい農家の横道を南下していくと、周囲は広大なネギ畑になって、このあたりは往年の小平らしい田園風景が残っている。畑の先に見える帯状の木立ちは玉川上水の岸辺で、その左手に聳えるハイテクなビルは武蔵野美大の新校舎。

玉川上水際の草深い小径に入ると、不意にユーミンの「悲しいほどお天気」のメロディーが

小川寺の山門。1999年に再建された。

浮かんでくる。

♪上水ぞいの小径を ときおり選んだ〜

実際、彼女が通っていたのは多摩美の方だが、あの歌のシチュエーションはムサビ近くのこのあたりだろう。上水ぞいの小径を鷹の台の方へ向かっていくと、ムサビの隣りに朝鮮大学校、白梅学園、創価学園(鷹の台駅向こうには津田塾大、一橋大)と本当に学校が多い。はじめのうち、僕の前をリュックをしょったおばちゃんがハイキング気分で歩いていたが、そのうち向こうからくるのは学生ばかりになった。

横目に入った上水脇のアパートの窓辺に、〈貸・アトリエ〉と出ていたが、そんな部屋を借りる美大生の姿を想像した。

広い農地の向こうに聳えるのは武蔵野美術大学の新校舎。

MUSASHIMURAYAMA-SHI

武蔵村山市

鉄道駅はないけれど……

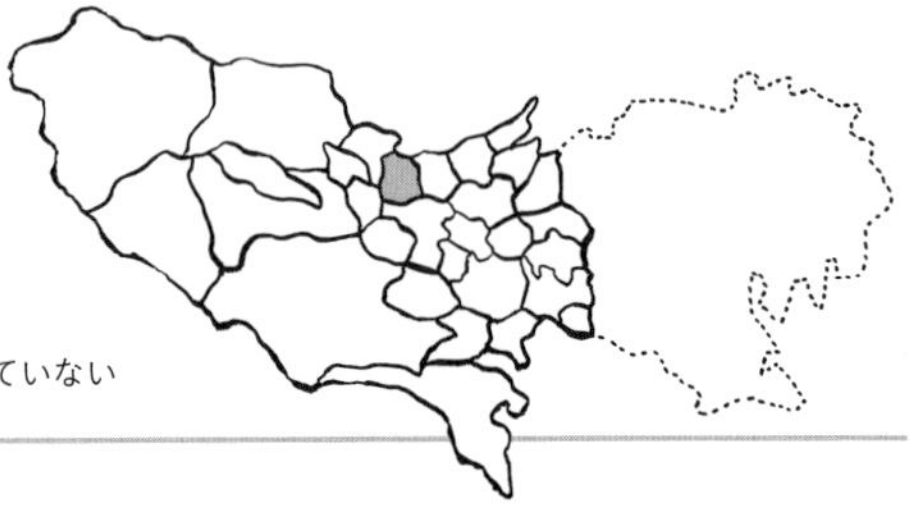

◆面積／15.32㎢
◆人口／71,672人
◆主要な鉄道駅／鉄道は通っていない

本書で訪ねている多摩の市域のなかで、唯一鉄道が通っていないのが武蔵村山市だ。

アプローチの手段はいくつかあるけれど、バス好きとしては花小金井の駅前（北口）から都バスを使って行くことにした。青梅街道を延々と青梅（車庫）まで行くこの路線は、現行の都バスのなかでも一番長い距離を走る。その昔、僕が子供の頃はもっと都心の新宿や荻窪から出るバスがあったはずだ。

入り天満宮

西武多摩湖線の青梅街道駅横の踏切を渡り、垣根の古屋敷が並ぶ小川上宿の二叉を過ぎて東大和市の駅前へ……このあたりはほんの数か月前に歩いたところなので見憶えがある。

奈良橋のT字交差点を左へ進むと、やがて右手に狭山丘陵の木立ちが迫ってくる。芋窪の先の大橋バス停のあたりからが武蔵村山市。道が急カーブを切る手前の中藤でバスを降りた。これは〝なかとう〟と湯桶読みする。

中藤は市内北東部の古い集落名でもある。道端にまだ小さな田んぼも見えるこのあたり、右方の丘の麓には寺や神社が点在する。ちなみにこの日はまだ新年明けてまもない正月4日、どこかで初詣ででもしていこうと考えていた。

地図を調べていたとき、目にとまったのが中藤1丁目にある「入り天満宮」。〝入り〟というのは、入り谷戸なんかを表わす周辺の古地名らしいが、下に〝天満宮〟と付けば、これはいかにも受験（入学）に縁起の良さそうな天神様、という想像がふくらむ。

合格祈願の絵馬を手にした若者が集う、里の神社の光景を思い浮かべて行ってみたら、人っ子ひとりいない。まぁこういう寂れた小神社の風情もわるくないけれど……。

村山大島紬

青梅街道を西進していくと、時折くねくねとした脇道が口を開けている。こっちが直線化される前の旧道で、入っていくと道端に素朴な地蔵堂が置かれていたりする。

表通りにもどってくると、市役所やJAが並ぶ市の中心地に差しかかる。交差点の先に横田というバス停があるが、横田基地でポピュラーになった横田はそもそもこの辺の地名だったようだ。

その横田バス停のすぐ横に「村山織物協同組合」のモダンな木造洋館が建っている。〈村山大島紬〉と記した看板が門前に掲げられているが、大正時代から昭和の戦前にかけて、村山絣《かすり》と呼ばれる絣の絹織物で知られた土地だったのだ。この先の三ツ木地区に密集していた織物工場はほとんど見られなくなってしまったが、いまも生産は細々と継承されている。この協同組合の館内に製品や歴史資料が展示されているようだが、残念ながら本日は休館。

村山織物協同組合。瀟洒な雰囲気の建物が往時の生系産業の繁栄を想像させる。

横田トンネルって?

そう、この横田交差点(いまは〈かたくりの湯入口〉と表示)をちょっと北方の丘側に行ったところに奇妙なトンネルがある。

〈横田トンネル 自転車道〉と表示された小さな円型のトンネル、現在は表示のとおり、自転車（サイクリング）用の隧道に利用されているのだが、もとは軽便鉄道のトンネルだったのだ。大正時代から昭和の初めにかけて、北方に建設された村山・山口貯水池の工事資材、さらに多摩川の砂利を運搬するために羽村から山口貯水池にかけて敷設された軽便鉄道で、ここから丘の下をくぐる4つのトンネルが設けられている。

ま、常時自転車がびゅんびゅん走りぬけているわけではないから、人も歩くことができる。横田、赤堀、御岳、赤坂、1つ200メートル程度の短いトンネルだが、謎めいた山中基地へアプローチしていくような、ファンタスティックな気分を味わうことができる。

夏場ならこのまま山の方へ足を運ぶのも

横田トンネル。トンネルの上部には公園が広がっている。

おもしろいだろうが、寒いので横田トンネルをくぐりぬけたところで引き返す。いや、寒さよりも腹が減ってきた。

そろそろお昼どき。このあたりも武蔵野うどんの名店地帯ゆえ、いくつか目当てにしてきた店があったのだが、正月の4日ということもあるのか、ことごとく閉まっている。街道ぞいに〈うどん〉の幟は立っていても、店らしきもんは見あたらない。十二所神社、という、2、3組の参拝客の姿が見える三ツ木地区の神社で一応初詣でをすませて、バスで移動することにしよう。

市の南方にイオンモールがある。あそこに行けば、どうにか昼メシにありつくことはできるだろう。

またぞろイオンモール

乗車した立川駅北口行きのバスは三ツ藤の方へ行って、もうちょっと先へ進めばイオンモールというあたりで来た方角へ引き返し、市役所の先をまた南下して立川方面へ向かっていった。運転手に指示された村山医療センター入口でバスを降りて、数百メートル先に見えるイオンモールをめざす。その前方に〈ＢＩＧ〉の大看板を掲示した、中古車買取販売のビッグモーターも最近の郊外のおなじみ物件といえる（ここは2017年の暮れに閉店したらしい）。

イオンモールには、東久留米市の散策の折に立ち寄ったが、歩いていくと、どこから入れば良いのか……ちょっと迷う。マイカーで立ち寄る人が大方なので、駐車場へのアプローチはわかりやすいが、街路からの歩行ルートがはっきりしない。

ユニクロにZARA、H&M、GAP、スタバに成城石井……と、都心のちょっとした店はだいたい入っている。原宿のキデイランドとか、ひと頃渋谷のシンボルだったシュークリームのビアードパパ（この店は花小金井駅でも見掛けた）なんかもここでがんばっている。

当日は福引か何かのコーナーに長蛇の列が生じていたが、ともかくレストラン街へと足を向けて、小店が軒を並べたフードコーナーの韓国スナック系のブースでチーズタッカルビのセットを注文、学食風のテーブルの空き席を見つけて早食いした。

プリンスの丘

イオンモールに収容された店舗に大した興味があるわけではないけれど、この〈イオンモールむさし村山〉が存在する場所は歴史上重要だ。2000年代の初頭まで、ここから南方にかけて日産自動車のテストコース場と工場が広がっていた一帯で、イオンモールが置かれた場所はテストコースの北端にあたる。地図を見ると、周囲の道がサーキット状の楕円を描いているのがわかる。

　日産というより、正確にはその前身のプリンス自動車が日産との合併以前に立地決定した場所で、建設工事が始まる1960年代以前の一帯は牧畜農家が1軒あるだけの広大な荒地だったという。多摩川段丘の砂利層で農地に適さなかったらしい。尤も、プリンス自動車の源流は軍機を生産していた立川飛行機（いまも〝立飛〟の名は残る）だから、そもそも土地の縁はあったのだ（「たま号」なんて車を造っていた時期もあった）。

　イオンモールの斜向い側にある武蔵村山病院（医療センター）の南側に「プリンス

スカイラインGT-R発祥の地の碑。碑には、車の横に、テストコースの形状が描かれている。

の丘公園」というのがある。事情を知らない人は、どこかの皇太子でも訪れたのか……とイメージするかもしれないが、このプリンスは自動車のプリンス。一見、どーってことない公園だが、入り口に〈スカイラインGT-R 発祥の地〉と刻んだ、ハコスカ(CMキャッチフレーズは〝愛のスカイライン〟)と呼ばれた69年型GT-Rの絵柄入りレリーフが飾られている。

村山工場の開業が62年、テストコースの完成は日産との合併が決まった65年。そうか、あの伝説の名車・ハコスカGT-Rは、ここでテスト走行を繰り返して世に送り出された、村山工場を象徴する車なのだ。

プリンスの丘公園の南隣りには〈真如苑 芝生ひろば〉なんてのがあり、さらにフェンス張りされた工場跡地が南西方に広がって、彼方に高尾や丹沢の山稜がよく見える。

「この土地は公共・公益の用に供するため武蔵村山市が管理している土地です」

と、立て看板に記されていたが、いったいどんな公共・公益の用に供されていくのだろう。

プリンスの丘公園の南方に広がる「真如苑 芝生ひろば」。

AKISHIMA-SHI

昭　島　市

昭和と拝島で昭島なのだ

◆面積／17.34㎢
◆人口／111,909人
◆主要な鉄道駅／
昭島駅（JR青梅線）、
拝島駅（JR青梅線など）

立川の西にある昭島市は、すぐに思い浮かぶ名所もない地味な市といっていいだろう。地図を開くと青梅線の西立川駅の西半分あたりからがこの市の領域に入っているようだ。

ま、立川イメージの強いこの駅は、すっとばしてもいいかな……と思っていたのだが、ちょうど目にした新聞に〝駅のBGM〟の特集（高田馬場に「鉄腕アトム」が流れるような）が載っていて、西立川のBGMにユーミンの「雨のステイション」が使われていることを知った。この曲、まだ荒井由実名義だった頃のアルバム『コバルト・アワー』にフィーチャーされていた1曲で、大学に入学した1975年頃、免許を取ったばかりの車のカセットでよく聴いたおぼえがある。おそらく〝雨のステイション〟の舞台という縁なのだろうが、西立川というのは意外だった。

〈雨のステイション〉の碑

そんな〃検証〃もあって、西立川の駅で降りた。ドアが閉まって電車が去っていくとき、サビの部分のジングルが1コーラスほど流れたが、このくらいだとかなりのファンでないとユーミンの曲とは気づかないかもしれない。北口に出ると、すぐ目の前に昭和記念公園のゲート（西立川口）がある。立川市のときに東端の昭和天皇記念館に立ち寄ったけれど、公園はずっとこちらの北方へと広がっているのだ。

ゲートの手前右手に〈雨のステイション〉の歌碑が置かれていた。彼女の著書『ルージュの伝言』から抜粋した由来の一文も添えられていたが、なんでも立川基地内のディスコに

ユーミンの名曲「雨のステイション」の歌碑。著書『ルージュの伝言』には「雨といってもザアザア雨じゃなくて、霧雨というか、シトシト雨で、西立川のお話なのね」との記述がある。

遊びに行った若い頃、帰りがけの朝方に眺めた雨の西立川駅の景色がイメージのもとになっているらしい。もう50年近く前の話だろうが、もはやこの辺にアーミーのバタ臭いムードはまるでない。

くじらロードと八清ロータリー

東中神までまた1駅電車に乗って、駅の南口に出ると、くじらのキャラクターを掲げた〈くじらロード〉という商店街が右へ左へと続いている。都営団地に付随した商店街のようだが、こんな内陸で〝くじら〟というのは何の根拠なのだろう（昔、近くでくじらの化石が発見された、という説を聞いたが）。

くじらロードをぬけて江戸街道を渡ると、こんどは八清《はっせい》通りという商店街になって、左に曲がった先に通称・八清ロータリーと呼ばれる広場がある。板橋の常盤台にあるような、真ん中に円形の緑地を置いたクルドサック型のロータリー。そしてここに〝八清〟という名の由来書きが掲げられている。昭和13年、立川周辺に増えてきた軍需産業の従業員住宅を供給すべく、東中神《ひがしなかがみ》駅の開設に合わせて、この一帯に計画的な街が開発された。

「同十六年十月までに約五百戸の住宅と集会所、市場、映画館、浴場、保育園、神社、公園などの福利施設が竣工、ここにロータリーを中心として放射線状に区画された大規模な住宅街が誕生した。即ちこれが八清住宅の起源であり、八清という名称は工事をした八日市屋清太郎氏の名に由来するものである」

なるほど、〝八清〟は人の名前がもとだったのだ。ちなみに、この独特の名の人物は金沢出身の建築家の2代目で、先代は大正時代の上野博覧会の仮設建築などで鳴らした有名なランカイ屋（博覧会プロデュースを本領とする）だったらしい。

映画館はもう見当たらなかったが、「昭和湯」という銭湯があった。建物は新しかったが、八清の開発時から継承されてきた浴場かもしれない。

廃線跡と拝島大師

真覚寺という寺の門前の田舎じみた通りから多摩大橋通りを南下して、奥多摩街道に入った。南方に時折多摩川岸の低地が覗き見え

かつての八清住宅の中心に位置したロータリー。付近には八清公園という広場もある。

拝島大師の大日堂。厄除け、病気平癒の信仰が特に篤いという。

る、石垣の切通し道を下っていくと、この街道の右側には趣きのある寺や神社が多い。宮沢の交差点から新奥多摩街道の方へ進んで、八高線のガードをくぐった先を右折すると、〈大神〉という表示板を立てた、昔の五日市鉄道の駅跡が残されている。

右読みの古びた駅名表示板とともに線路の一部も設置されているが、97年に刊行された『鉄道廃線跡を歩くⅣ』（宮脇俊三編著・JTB刊）に、こういう遺構は載っていないから、おそらくレトロ調に後から復刻したものだろう。この鉄道はいまのJR五日市線の実質的な旧線で、昭和の初めから戦前まで機能していた。

廃線跡の割と広い直線道（五鉄通り、と名づけられている）をしばらく西進して、再び奥多摩街道に入っていくとやがて拝島町の交差点に差しかかる。右手に拝島大師（本覚院）を中心にした緑地が広がっているが、このあたりがもともとの拝島なのだ。

拝島大師——街道に面した背の高い山門（南大門）をくぐると、境内には格好の異なったいくつかの堂宇（文殊楼、八角円堂など）や多宝塔が配置されている。正月2日、3日の〃だるま市〃でも知られる寺らしいが、この日はもう1月もなかばを過ぎて、境内は閑散としていた。拝島大師というのはここに祀られた如意輪観音のことで、そのモデルは平安時代の永観3年（985年）に入滅した元三（慈恵）大師。

一方、拝島の地名のもとは隣接する大日堂に祀られた大日如来像という。大師の入滅より少し前の天暦6年（952年）、多摩川の洪水で近くの洲（島）に流れついたものを村人が拝むようになった……なんて伝説が存在するようだ。

「昭和前」の頃

ところで、昭島の市名はその前身の昭和村（町）と拝島町を合体させたもので、大師通りを北進したところにある昭島の駅は昭和34年の9月までは〝昭和前〟といった。この場合の〝昭和〟は、駅北側にいまも存在する「昭和飛行機工業」の前、という意味。東中神の八清商店街に昭和湯というのがあったけれど、昭島には時代と地名と社名をネタ元にした昭和名義の物件が散在し

1930年に五日市鉄道（五日市線）は拝島から立川まで延伸。大神停留場（のち駅）は延伸区間にあった。青梅線と並行する区間だったため、戦時中の1944年、不要不急線として休止。

ている。

拝島大師の門前の奥多摩街道を走る立川バスに乗って、拝島駅へ出ることにした。

「拝島の町は、昔風の家並みがまだ残る古い宿場町である……」

1960年代初めに取材、刊行された『東京風土図』(社会思想社)にはそんな記述がある。上宿、なんて宿場町らしいバス停もあったので、車窓の街並を期待していたのだが、もはや宿場らしい趣きの建物はまるで残っていなかった。

懐かしき拝島教習所

バスは拝島駅の南口に到着した。この駅が昭島市の北端で、駅前商店街の途中から福生市の領域に入る。

拝島の駅前は個人的に思い出深い。もう40余年前の75年の春先、駅の北東側にある拝島自動車教習所に日々通っていた。高校から大学にかけての春休みを利用して車の免許を取ろうということになったのだが、当時この近くに住んでいたわけではない。おじさんの知り合いがこの教習所に勤めていて、教習の時間が優先的に取れる、とかいうので、中落合の実家から西武線に乗ってはるばる通っていたのである。

教習所は北東側に行く長い陸橋の向こうだったはずだが、バスが停まった先の南口というか、南西側の商店街もぼんやりと見おぼえがある。線路に近い所に日活系の映画館があって、長い教習の合間にロマンポルノを観たのだ。宇能鴻一郎原作の「ためいき」って映画で、週プレなんかのグラビアでけっこう好きだった立野弓子って子が主演していた（73年11月の封切だから、この時点のロードショーではない）。

暇そうなオッサンばかりの場末のポルノ館の光景が回想されるが、もはや当然のごとくそんな映画館は見あたらない。五日市線、青梅線、八高線の上に架かる国道16号線の長い陸橋（昔より随分きれいになっている）を渡ると、五日市街道の入り口の向こうに自動車教習所が見えてきた。門の向こうにソテツらしき南洋樹が植えこまれた、この教習所の佇まいはほぼ変わっていない。

ロビーにいつも、柄のわるい青梅あたりのツッパリ（まだヤンキーの呼び名は東京には浸透していなかった）グループが屯《たむろ》していたけれど、彼らはどうしているだろう。

福生市

熊牛とルート16

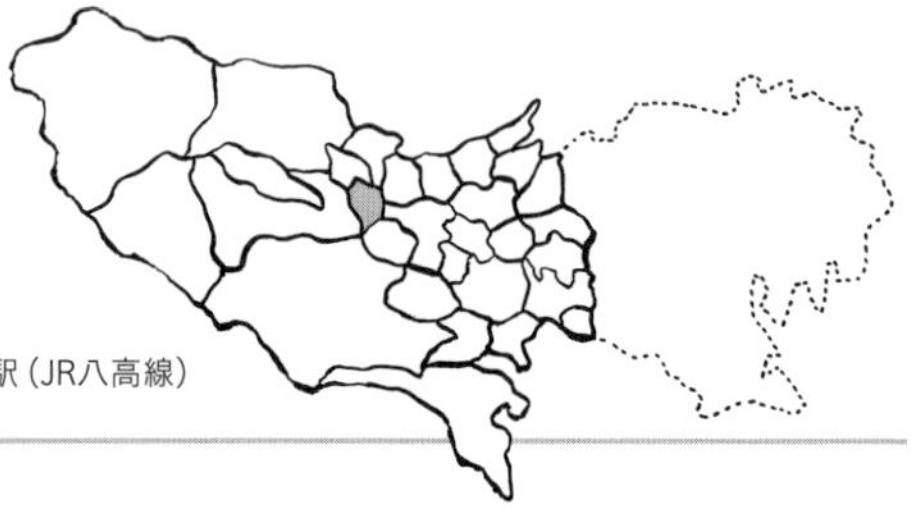

◆面積／10.16㎢
◆人口／58,274人
◆主要な鉄道駅／
福生駅（JR青梅線）、東福生駅（JR八高線）

福生は小さな市だがＪＲの鉄道が3線も通っている。五日市線と青梅線と八高線。当初、南寄りの熊川（五日市線）からアプローチしようか、と思っていたのだが、都心方面から乗ってきた中央線の電車が青梅線直通だったので牛浜から歩き始めることにした。

熊牛公園

今回のハイライトは、牛浜駅から東へ行った横田基地前のアメリカンなストリート散策、ということになるのだが、その前にちょっと西方を回ってみよう。山王橋通りというのを南下すると、青梅線の線路端に熊牛《くまうし》公園というのがある。熊や牛のオブジェが置かれているわけではなく、ブランコの前に〈犬の放し飼い禁止〉なんて警告板がぽつんと立っていた。言いたいこと（愛犬のリードを放すな）はわかるけれど、「放し飼い」ってのはなんだかすごい（犬の放牧を想像させる）言葉だよねぇ。

少し先の新奥多摩街道の交差点の所にも熊牛会館、ってのがある。まぁここまで書けばおわかりだろうが、この熊牛は地名の熊川と牛浜の合名で、動物そのものとの関係はないのだ。熊牛会館のすぐ裏手を流れる玉川上水の橋際にはこんな警告板が出ていた。

「ホタルの赤ちゃんがねむっています。

空カンなど捨てて起こさないでね」

川の流れを見て思い出した。熊川の玉川上水は確か、昭和40年代頃から棲息するホタルの保存に力を入れ始めたのだ。小学5、6年生頃に熱中していた新聞記事のスクラップ帳に、そんなホタル記事の切りぬきがあったはずだ。

清流と関係した話では、「澤乃井」（青梅の回で通りがかった）とともに多摩銘酒として知られる「多満自慢」の石川酒造がもう少し南方の多摩川べりにあるけれど、前にも書いたとおり〝酒蔵見物〟はあまり乗り気がしない。

ルート16ぞいのアメリカ

五日市街道を東進、青梅線、八高線の踏切を越えて国道16号線（東京環状）に出た。〈第5ゲート前〉の道路標示板が掲げられているが、向こう側には米軍横田基地が延々と広がっている。通りを北進すると、基地門前らしい店舗がぽつぽつと見えてきた。

アンティーク、家具、ジーンズやネルシャツを陳列した店、ホットドッグやハンバーガーを看板にしたスナック……しかし、一見してひと頃より街並が洗練された、というか、横須賀と同じように健全な観光地っぽくなった感がある。ハワイ……いやキューバ風とでもいおうか、コーラルピンクやスカイブルーに塗装した明るいトーンの店が増え、道端の所々に沿道の店の写真をカタログ調にレイアウトした案内板が出ている。

ちなみに、横田基地前のアメリカンな店に注目が集まり出したのは70年代の中頃。映画「アメリカン・グラフィティ」の日本公開（１９７４年）が発端といわれているが、当時高３の僕が愛読していた「チェックメイト」というファッション誌（74年12月発売）にアメ横の店などともに、この辺のルート16ぞいの店が3軒紹介されている。

「ミッキーシューズ」というウエスタンブーツの店、コンポラスーツの仕立て屋「日米商会」、楽器屋（ライブハウスも）の「スリーシスターズ」。「ミッキーシューズ」は後年立ち寄ったおぼえがあるが、いまも残っているのは中古楽器を扱う「スリーシスターズ」だけだ。

米軍ハウスの遺構

イタリアの三色旗看板を掲示した、ピザハウスの「ニコラ」は老舗だ。〈六本木で生まれて、横田基地で育った日本初のピッツエリア〉とコピーを付けて、スキンヘッドのイタリア系老人がピザを手にした看板が出ているが、彼こそ、伝説のピッツエリア「ニコラス」を六本木（飯倉）に立ちあげたニコラス・ザペッティ。『東京アンダーワールド』（ロバート・ホワイティング著、角川文庫）という1冊に、ピザの歴史以上にGHQや力道山らプロレスラーが絡んだ、この人物と六本木闇社会の関係が興味深く描かれている。

80年代の中頃、この辺の米軍ハウスに住む人に案内されて、古いイタリアンの店でランチを食べた記憶があるが、「ニコラ」だっただろうか……ちょっと建物が立派すぎる、と思いつつ歩いていくと、もう少し先に「UN QUINTO」と細いネオン管で屋号を掲げた、素朴な平屋のレストランがあった。

〈名物 イタリアンライス〉なる看板が出ていて、鶏肉、シーフード、野菜などをトマトソースで煮込み、たっぷりのチーズとともにバターライスにかけた……ウンヌンと解説されているが、うーん、以前入ったのはココだったかもしれない。

この店も米軍ハウスを改造したような佇まいだが、〈FUSSA American HOUSE〉とプレートを掲げて、屋内見学できる米軍ハウスが1軒ある。

6畳か8畳ほどの間取りの部屋が2つ、3つと小さな芝生の庭、といったスペース。ほんの数年前まで一般の人が生活していたらしいが、いまは往年のルート16周辺の写真や米軍払い下げ品などを展示して、小さなミュージアムの仕立てになっている。

昭文社あたりの詳しい地図を開くと、東福生駅の北方に〈米軍ハウス〉の表示があるけれど、これは現在の米軍人家族が暮らす集合住宅で、日本人が入ることはできない。ここでいう米軍ハウスとは、昭和20年代後半の朝鮮戦争時、どっと送りこまれてきた米兵たちのために基地外の農地に増設された簡素な住宅のことで、ベトナム戦争の鎮静化とともに米兵が続々と帰国していった後、物好きの日本人が暮らすようになった。そう、僕が「福生」の地名になじむ発端ともなった人物・大瀧詠一氏も、この周辺の米軍ハウス（正確には瑞穂町の領域）に自宅兼スタジオを持ち、愛聴していたラジオ関東の深夜番組「ゴー・ゴー・ナイアガラ」も、そのスタジオから放送されていたのだ。ラジ関ならではの雑音とともに、時折横田に離着陸する米軍機の音が紛れこんできたのが懐かしい。

大多摩ハムのレストラン

東福生駅の先の踏切の所までくると、フェンスの向こうに大瀧氏も大いなる影響を受けた米軍向けラジオ局・AFN（当時のFEN）の建物と米軍の住宅棟が見える。こちら真の米軍ハウスは10階レベルのマンションに建て替えられて、古き良きドゥーワップやロックンロールが似合うような趣きはない。

ルート16を歩いていて、ランチはニコラ、あるいはウン・クイント、といった駐留米軍系イタリアンもいいかな？ と思ったりもしたのだが、福生には「大多摩ハム」という地場のハムメーカーがあって、レストランもやっている。やはり、こっちに魅かれる。

米軍ハウス。アメリカ西海岸風のスカイブルーに塗り直されている。

NICOLA
Ciao!
NICOLA

横田基地前のルート16。一見、アメリカのどこかの地方都市を思わせる。

ルート16の〈第2ゲート〉前の信号の所を曲がって、福生駅の方へとずんずん行くと、やがてドイツの山小屋を思わせるレストラン「シュトゥーベン・オータマ」が見えてくる。背後にハム工場があって、見学もできるようだが、今回はランチを堪能したい。

とはいえ、食べる前に大多摩ハムの沿革をざらっと紹介しておこう。創業者・小林榮次氏は、わが国にドイツ式ハムを伝えたアウグスト・ローマイヤの一番弟子。ローマイヤのハムは昔、父あてのお歳暮品などでいただいたが、子供の僕を含めて皆〝ローマイ屋〟みたいな屋号っぽいイントネーションで呼んでいた。

それはともかく、技術を習得した小林氏は昭和7年、小林ハム商会の名で品川・荏原にハム屋を創業。戦後まもない昭和21年、福生に工場を移して大多摩ハムの看板で再生する。GHQの目にとまったのが成功のきっかけ、というから、ここも横田基地と密接に関係したメーカーなのだ。

天井の高い、広々とした2階のレストランで、〈TOKYO-Xランチ〉というのを注文、これは自慢の銘柄豚TOKYO-Xを使っ

シュトゥーベン・オータマのランチセット。思わずビールが進む。

ルート66ならぬルート16の標識をあしらったベンチが、国道16号ぞいには置かれている。

たカツ、ハム、ソーセージ、ベーコンなどがセットになったもので、スープにサラダ、パン、コーヒーが付いて¥1400、というのは値頃だ。そして、このハムやソーセージのランチメニューとともに、ビールのメニューを見せられると、さすがにガマンできない。ドイツビールも揃っていたが、福生の地ビール「多摩の恵《めぐみ》」のピルスナーをオーダーしたら、きりっと冷えたこいつはハムやソーセージにぴったり。後で知ったことだが、このビールも「多満自慢」の石川酒造でやっているのだ。

食後、東口の飲み屋街に迷いこんだ。エデン、エアポート、ブロードウェイ、マドンナ……ちょっとあやしいヨコモジ看板の小店がずらっと並んだ横丁、横須賀や三沢の裏町にも似た、基地の街独特のエキゾチックな空気が漂っていた。

HAMURA-SHI

羽　村　市

情熱の玉川ブラザーズ

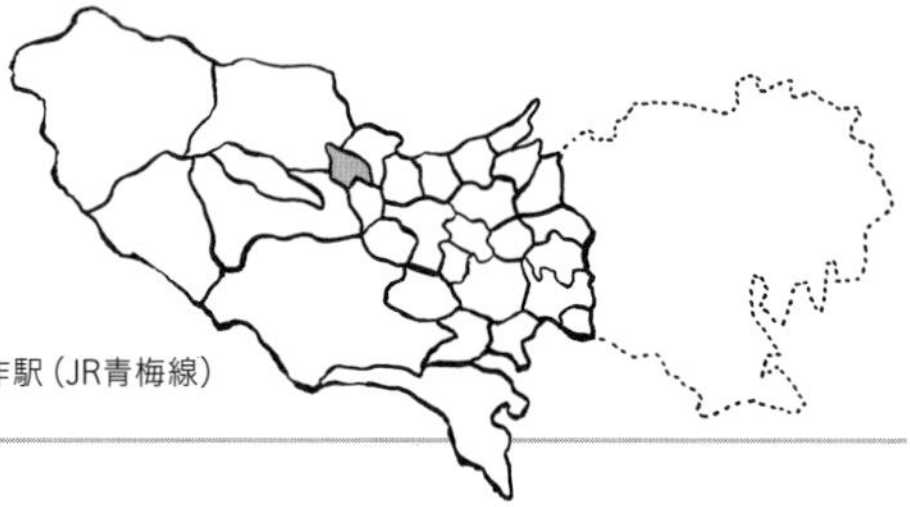

◆面積／9.90㎢
◆人口／55,065人
◆主要な鉄道駅／羽村駅、小作駅（JR青梅線）

青梅線の羽村駅で降りて西口へ出た。大きなバスロータリーや西友、ビジネスホテルやファミレス……が寄り集まった東口と比べて、こちら西口は実に寂しい。西武信用金庫の看板が見える閑散とした商店街を歩いていたら、どこかのラジオから久保田早紀の「異邦人」が流れてきた。シャッターの閉まった観光案内所の軒先に〈はむりん〉とかいう、ゆるいローカルキャラクターのプレートが下がっている。

羽村の堰へ

祝日の午前中の商店街は寂しいとはいえ、観光案内所なんてのがあるくらいにこの先の多摩川には東京の歴史上重要な羽村堰、すなわち玉川上水の取水口がある。地図を見ると、こちら側に旧青梅街道や旧鎌倉街道などの表示が見られるから、羽村は多摩川に近い駅の西側から町ができあがっていったのだろう。

新奥多摩街道の交差点を渡ると、稲荷神社の脇から道は玉石垣の深い切通しになって、教会みたいな建物の東会館の前で左折すると玉川上水の水門のところに出くわす。いまは生活用水としての使命は終えたが、江戸中期以来ここから江戸へと多摩川の水が送りこまれていたのだ。

玉川兄弟と牛枠

すぐ先の公園に上水建設に尽力した玉川兄弟の銅像が建立されている。玉川庄右衛門と清右衛門——銅像のどちらが兄か弟か、はっきりしないが、指差しポーズと跪きポーズの組み合わせが芝居っぽくていい。ともかくこの兄弟、小学校の社会科教科書のスター的存在だった。僕が小4の社会科で使った副読本『わたしたちの東京』には、神田上水を手掛けた大久保忠行に続いて、こう解説されている。

「江戸の町がさかえてくると、この神田上水だけでは水がたりなく

玉川兄弟の銅像。指差しているのが兄か？

なってきました。そこで江戸の町から、とおくはなれている多摩川から、水をひきこむ大きな工事が、はじめられました。このむずかしい工事は、玉川庄右衛門と清右衛門という兄弟の力によって、なしとげられました。

このころの工事は今とちがって、大きなきかいもなく、土地の高い、低い、ということだけでも、はかるのにたいへんなくろうをしました。幕府からのひようではたりなくなってしまい、じぶんたちのお金までぜんぶだして、二度、三度としっぱいをかさねながら、とうとうしあげたのです」

幕府（総奉行・松平信綱、水道奉行・伊奈忠治）の命を受けた仕事なのに、最終的に自腹を切って仕上げたというあたりがすごい。おそらく、多摩川愛に満ちた地元の人間だったのだろうが、この兄弟の出生については対岸にある郷土資料館の解説にも書かれていなかった。

ちなみに、資料館の解説によれば、玉川上水の取水口・羽村から終点・四谷大木戸までの距離は43キロ、高低差は92メートルで、およそ100メートルに21センチ下る、というかなり緩やかな勾配だったのだ。そして、もちろん玉川上水1本だけではなく、途中から千川上水などの水路がいくつか分岐していったのである。都の人の生活用水ばかりでなく、これによって小平や三鷹あたりの新田開発が進んだことは言うまでもない。

多摩川対岸の郷土資料館（歩いていくには、南方の羽村大橋を渡って迂回していかなくてはらない）の前の河原に「牛枠《うしわく》」という、昔の水防具が5、6個置かれていた。
材木を三角錐のような形に組んで、そのたもとに蛇籠と呼ばれる石の重りを置いたもの。当初、ただの保存展示物と思っていたのだが、どうやら多摩川が増水したときに、水の力を制御する装置としていまも機能しているらしい。

「形が牛に似ているので牛枠の名が……」なんて説明が各所に書かれているのだが、どう見ても僕の目には牛に見えない。が、ここでふとひらめいた。前回ふれた福生の牛浜の地名、本物の牛よりもこの〝牛枠が置かれた川の浜〟みたいなところからきているのかもしれない。

郷土資料館の裏山には旧下田家住宅という江戸の弘化年間（1844～48年）築の茅葺き民家が移築されている。ま、こういう古民家の展示はいまどき珍しくないが、この古民家越しに見下ろす多摩川の景色はなかなか風情がある。

「はむらん」に乗って

資料館の前にやってきたコミュニティバス「はむらん」（はむりんとか、はむらんとか紛らわしい）に乗って駅前に戻り、東口へ出た。

くねくねした西側の道に較べて、こちらは一直線の大通りを真ん中にマス目状の

上：現在でもかなりの水量を誇る玉川上水。 下：牛枠。いったいどこが牛なのか？

区画が広がっている。郊外の新開地らしい並木道をしばらく歩いていくと、左手に〈FUKUSHIMAYA〉とヨコモジの看板を掲げたスーパーマーケットがあった。

ロゴのセンスなんかがなんとなく青山の紀ノ国屋に似ている。もしや紀ノ国屋の系列かと思ったら、70年代に羽村で立ちあがった地場のスーパーらしい。ホームページを眺めると、近頃は都心の六本木や秋葉原にも進出しているようだ。この福島屋がやるレストラン・ゾナヴォーチェってのが斜向いにある。

トスカーナのワイン工房の蔵を改造したレストラン……みたいなイメージだろうか。レンガ（あるいはレンガ調のタイル）の壁、天井は高く、広々とした厨房にピザ焼きの窯が設えられて、5、6人の若い女性がラフなスタイルで立ち働いている。ピザがメインのようだが、僕はカキとブロッコリーのパスタのセットを注文した。バイキング式で、サラダやパンや珈琲を自由に取れる。味もまずまずなので、若い夫婦でほぼ満席だった。

以前、小平あたりで入った珈琲店と同じくBGMにビートルズが延々流れていたけれど、この感じの店なら60〜70年代のビートルズほどポピュラーでない、せいぜいスマッシュヒットレベルのソフトロックなんかの方がハマるだろう。

休日のこういうランチ風景も、どことなくアメリカナイズされた、横田から近い町の風土を感じる。

羽村市動物園のレッサーパンダ

その先の産業道路を左へ行くと、前方に日野自動車の工場が見えてきた。もちろん、日野が本拠の自動車メーカーだが、ここ羽村の工場もテストコースを併設した広い敷地だ。僕が子供の頃、日野は小型タクシーによく使われたルノーとか、コンテッサなんて特徴的な車も生産していたが、いまはトラックとバスが主力だ。バス好きとしては、昔のバスの展示場でもあれば見学していきたいところだが、ここにそういう一般見学施設はない（確か、八王子のみなみ野の方にボンネットバスを置いた展示場があった）。

日野自動車の東方には、羽村市動物公園というのがある。フェンス越しに象やライオンのオブジェが覗き見えたので、ああいう動物の遊具なんかを配置して、ちょっとした鳥小屋とカメの水槽くらいを揃えた公園……と予測していたら、案外本格的な動物園なのだった。

羽村市動物公園のフンボルトペンギンたち。

日野自動車羽村工場。奥にバスらしき車が。

300円の料金を支払って園内へ入ると、入り口に近いアーケードの小屋にレッサーパンダがいた。ニックネームが付けられて、キャラクターグッズが売店に並んでいたから、こいつが第一のスターなのだろう。

さらにニホンザルのサル山があり、フンボルトペンギンの群れがいて、シマウマやキリンのいるサバンナ園のコーナーがある。歩いていたら、ヒューヒュー、と奇怪な声が聞こえてきたが、これはテナガザルの鳴き声だった。アルマジロ、コモンリスザル、シベリアオオヤマネコ、サーバル……けっこうマニアックな動物もいる。チラシの絵地図に描かれていたのをザラッと数えたところ、およそ50種くらいの動物が飼育されているようだ。

この動物公園の隣りに富士見霊園という墓地がある。散歩の最後、ここに眠るとある人の墓をお参りしたのだが、その話は次回、連載の最終回にもなる瑞穂町の文中で語ることにしたい。

MIZUHO-MACHI

瑞　穂　町

ナイアガラの町の富士山

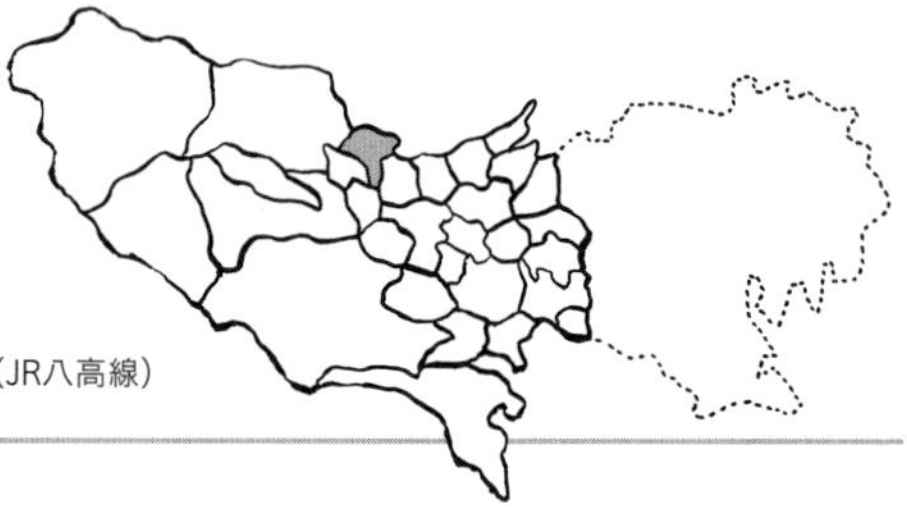

◆面積／16.85㎢
◆人口／33,025人
◆主要な鉄道駅／箱根ケ崎駅（JR八高線）

拝島から八高線で北上していくと、横田基地の景色が途切れた先に箱根ケ崎という駅がある。いまも西多摩郡に所属する瑞穂町唯一の駅だ。駅の東口に出ると、ロータリーの一角に柱から馬の首が突き出したようなオブジェが置かれていた。下に水桶が設置されたこれは、往年の〝馬の水飲み場〟をイメージしたものらしい。箱根ヶ崎は古くから多摩の交通要所の1つで、人馬継立（人足や荷馬の引き継ぎ）が行われる場所でもあった。

石畑の古集落

日光街道と青梅街道の交差点の角に、歴史を感じさせる漢方薬屋が建っているが、この辺が往時の宿場の中心地なのだろう。ひと昔前の時代を思わせるオモチャ屋や洋品店、竹カゴを並べた道具屋なんかが軒を並べる青梅街道から北方の町役場の裏の方へ入っていくと、石畑の住所表示を出した界隈は道が袋状に湾曲していて古集落の風情が感じられる。

道が合流するような箇所には神社があり、庭に土蔵を置いた農家も多い。1軒、朽ちかけた土蔵を残したうどん屋を発見した。「さしだ家」というこの店、昼どきに入って肉汁うどんを味わった（武蔵野うどんにしては麺がソフトだがウマい）けれど、30年ほど前までは村山紬の機織りをする家だった、と伺った。

蛇喰い次右衛門

玉石垣が目につく弓なりの道を北の方へ進んでいくと、そのまま狭山丘陵の山へ入ってしまう。もう少し暖かくなってくれば山歩きもいいのだが、まだ3月の10日過ぎ、好みの昆虫を探すには早い。麓の道を西進して、残堀川《ざんぼりがわ》の水源地とされる狭山池を取り囲む公園に立ち寄った。狭山という広い領域の地名をあてられていることか

蛇喰い次右衛門の像。次右衛門が蛇に嚙みつき、流れた血が川になったとの伝承がある。

年季の入った建物が印象的な「漢方の會田」。1872年創業。

らも察せられるが、もとはいまの数十倍もの規模の大池だったようだ。ここで目にとまるのは、池畔に建立された伝説の人物〝蛇喰い次右衛門〟の石像だ。大蛇退治をした力持ち自慢の男で、この伝説から下流の川は蛇堀《じゃぼり》川と名づけられ、なまって残堀川になったという。ヘビをソフトクリームのように身体に巻いた男の像はなかなかインパクトがある。

大瀧ファンの栗原さん

カタクリが群生する狭山池緑地（カタクリの開花は3月終わり頃からと聞いた）の脇を通って、町の郷土資料館「けやき館」を訪ねる。ここで先日知り合った栗原勤さんと待ち合わせているのだ。〈大瀧詠一さんを語る会 代表〉と、栗原さんの名刺に記されている。実は2月の初めにこの取材で福生市を訪ねた折、ここで開催されていた「GO！GO！NIAGARA 大瀧詠一の世界 2018」に立ち寄って、氏に声を掛けられた。

浅間神社にて、〈大瀧詠一さんを語る会 代表〉の栗原勤さん（右）と。

狭山丘陵の西端にある瑞穂町は、所々に製茶場や茶葉を販売する店が目につく。

「SBモナカカレーを食べる会会長の泉さんですね」

SB――というのは、大学時代の僕が大瀧詠一のラジオ番組「ゴー・ゴー・ナイアガラ」にハガキを書いていたときのラジオネームだったのだ。ヘビーな大瀧マニアの栗原さんはそんなレアなことまで知っていて、しかも生まれたときから60年余りこの町に暮らしている。そんな縁もあって、町内の米軍ハウスにスタジオ付きの自宅を持っていた大瀧氏のイベントを、地元で積極的に開催している。

そう、前回（羽村市）の最後に訪れた霊園も、栗原さんに教えてもらった大瀧詠一の墓参が目当てだったのだ。

「三ツ矢サイダーが何本も墓前に置かれて

前回羽村市の回で訪れた富士見霊園の大瀧詠一氏の墓。長年大瀧がCMソングを担当した三ツ矢サイダーが墓前に供えられていた。墓石には大瀧のレーベル「ナイアガラ」のロゴも。

いるっていうのが、オールドファンにはジンと来ましたね……」

なんて墓参の報告をし、栗原さんと彼の知人の資料館の人の案内で、町内の名所に連れていってもらうことになった。

衝撃の多摩だるま

まずは、この資料館の数百メートル先に、「五輪様の柿の木」と称するスポットがある。高さ14メートルに及ぶ柿の巨木で、いくつもの枝が四方八方に伸びている様は、朱色の実がなっていないとちょっと柿の木とは思えない。柿の樹齢は300年余り、五輪様とは樹のたもとにある地主・細淵家の五輪塔型の墓のことで、こちらは天正年間（1500年代後半）くらいに置かれたというから、墓の方が先にあったのだろう。

柿の木の周辺の農地はほぼ茶畑で、製茶の工場や茶舗も目につく。このあたり、いわゆる狭山茶（都内なので、〝東京狭山茶〟と銘打っている）の名産地なのだ。さらに、あまり知られていないが、冬場

強烈なインパクトの多摩だるま。顔が白いのも特徴だという（普通のだるまは肌色）。

瑞穂町図書館の大瀧詠一コーナー。貴重な写真や雑誌の切り抜きもある。

のシクラメン。最近は岩蔵街道に〈シクラメン街道〉の愛称も付けられているようだ。

「それと、〃多摩だるま〃ですかね」

箱根ケ崎駅のショーケースにも展示されていたが、瑞穂町は農閑期にだるま作りをする家が多かった。正月や祝い事のときの縁起物として知られているが、もう1つ、こういう昔の養蚕地帯では蚕を狙うネズミ除けの意味もあるらしく、まねき猫と合体した変わりだるまもあったりする。

車で連れていってもらった家は、町の東端部の殿ヶ谷地区にあって、庭の奥の倉庫に大きなだるまがいくつも積みあげられていた。多摩のだるまの特徴は鼻がいわゆるワシっ鼻のように高い、ということ。そして、明治の頃から百年ほど続くこの家(内野屋)では、目尻や口元から長い毛が生えた「ひげだるま」という変種が作られている。

「毛は人毛、女性の髪を使うんですよ。いまは大阪の方の業者が1社だけ、中国から人毛を輸入してましてて、それを使ってます」

へぇーっ。立ちあってくれた御夫人は細かい価格などを知らない様子だったが、本物の人毛使用となると安くはないだろう。横田の米軍人が珍しがって買っていくという。いまは倉庫にしまわれているが、仕上げをする晩秋の11月頃には天日干しする赤いだるまが弁慶と呼ばれる長い棹に掛けられて、庭にずらりと並ぶ。

瑞穂の富士山

朝方ひとりで歩いた石畑の丘陵の入り口には町立の図書館があって、2階通路の一角に大瀧詠一のＣＤや関連書物が陳列されている。栗原さんら地元のファンのものばかりではなく、情報を聞きつけた遠方のマニアから寄せられたお宝も少なくない。

「これをお見せしたかったんですよ」

栗原さんがうれしそうに説明する。ちなみに大瀧氏のスタジオは「福生45」と名づけられ、「福生ストラット」なんて曲もあったから、福生市民のイメージが強いけれど、ぎりぎりの所で瑞穂町の領域だったため、こちらに資料などが所蔵されることになったのだ。

しかしこの町、だるまからシクラメン、お茶に大瀧詠一……と、名産品や見所が実にバラエティーに富んでいる。

そして、僕が当初から気になっていたのが箱根ヶ崎の先にある富士山という地名。フジサンではなくフジヤマと読むらしい（それもどことなくエキゾチックだ）が、東京環状道路に続くバイパスには、富士山入口、富士山といった西武バスの停留所（本数は1日に1、2便）が続く。

地図を眺めると、富士山バス停の傍らの山上に浅間神社の表示があるから、ここがおそらく富士山の源だろう。バイパス側の山斜面に数年前に設置されたという、ウッディーな階段を上っていくことにしよう。

上り始めた僕の後ろで地元の2人の足どりが鈍いので、なにか……と思ったら、この階段、思ったよりも長くて計237段もあった。

階段上の頂きに見えた浅間神社の社殿は、拍子抜けするほど素朴なものだった。地味な板張りの平屋がぽつんと1戸あるだけで、付属の堂宇などは見あたらない。地元の人の話では、参道を青梅街道側に下った所にある八雲神社の方がにぎわっているらしい。

しかし、この浅間神社のある山頂、丘陵の西端にあたる所だから、いまは繁った樹木に遮られているものの、昔は富士山そのものを眺望する絶景スポットだったのではなかろうか。すぐ近くの狭山神社には箱根権現が祀られているらしいから、まさに箱根の先の富士山に見立てられた聖地といっていいだろう。

そうか、瑞穂なんて町の名も富士山ありきのネーミングなのかもしれない。

西武バス「富士山」のバス停。

あとがき

「ウェブ平凡」というのは平凡社がやっているウェブサイトですが、ここで本書の連載がスタートしたのは2016年の9月のことで、当時の手帳をめくってみると7月20日に「西東京・スカイタワー取材」なんてメモ書きがあるから、これが第1回の取材でしょう。暑い日で東大農場のひまわり畑の脇をヘロヘロになりながら歩いたことが思い出されます。

23区の場合、千代田↓中央↓港↓新宿……と、ほぼ地図帳の紹介順位は決まっているようですが、市町村部は武蔵野、三鷹の中央線近郊の市が頭の方にあるくらいで、他はあまり固まっていません。ここではスカイタワーの登楼を皮切りに西東京市からスタートしましたが、その後のルートはけっこう迷うところがありました。

西東京↓狛江↓調布↓三鷹……と、まずは区部に近い方を南北に移動して、その後は武蔵野、小金井……と、日野あたりまではほぼ中央線を軸に西へ移動していきましたが、この辺から町田の方へ南下するか、やりすごした西武線沿線の方へ後戻りしようか、さらに、昆虫好きとしては初夏から初秋のいい季節にあきる野や青梅、奥多摩の山を訪ねてみたい。なんて感じで、ちょっと変則的なこの散策ルートができあがりました。

多摩動物公園や多摩湖……少年時代の思い出が残る場所の再訪も面白かったけれど、町田市山間の農村伝道神学校や日の出町羽生の塔婆作りの集落などなど、知る人ぞ知るコアな多摩名所も数々発見しました。農村伝道神学校のキリスト教文化とユーミンをつなぐ線、あるいはユーミンの八王子と大瀧詠一の福生（瑞穂町）とR＆B通でもある志村けんの東村山（所ジョージの所沢を含めてもいい）と横田米軍基地に由来するアメリカン・カルチャー……の関係性、などを思考しながら巡り歩く多摩散歩の時間は意義深いものがありました。

最後に、連載取材と書籍編集を通してお世話になった平凡社編集部・佐藤暁子氏と岸本洋和氏に厚く感謝の意を述べます。

2018年8月　泉 麻人

ASATO IZUMI

泉 麻人

いずみ・あさと

1956年東京生まれ。慶應義塾大学商学部卒業後、編集者を経てコラムニストに。東京に関する著作を多く著す。特に東京23区に関しては、『東京23区物語』(1985年)、『新・東京23区物語』(2001年)、『大東京23区散歩』(2014年)と長年にわたりテーマとする。近著に『東京いい道、しぶい道』(中公新書ラクレ)、『大東京 のらりくらりバス遊覧』(東京新聞出版局)などがある。

東京23区外さんぽ

2018年10月17日　初版第1刷発行

著者　泉麻人
発行者　下中美都
発行所　株式会社平凡社
〒101-0051 東京都千代田区神田神保町3-29
電話 03-3230-6584（編集）
03-3230-6573（営業）
振替 00180-0-29639
平凡社ホームページ http://www.heibonsha.co.jp/

印刷・製本　図書印刷株式会社
イラストレーション　村松昭
路線図　ワーズアウト
DTP　ケイデザイン
ブックデザイン　アルビレオ

ISBN 978-4-582-83788-9 C0025
NDC分類番号291.365　四六判（18.8cm）　総ページ320